CW01560650

汉语水平考试
模拟试题集（第2版）
HSK 四级

总策划：董 萃 王素梅

主 编：李春玲

副主编：屠爱萍 邢蜜蜜 田慧婷

北京语言大学出版社
BEIJING LANGUAGE AND CULTURE
UNIVERSITY PRESS

主　　编：李春玲

副主编：屠爱萍　邢蜜蜜　田慧婷

参　　编：（按姓氏笔画排列）

王宏丽　王　静　田慧婷　邢蜜蜜　刘潇萌

孙　荔　李春玲　宋玥凝　张俏然　周媛媛

姜　静　屠爱萍　臧子乔

修 订 说 明

　　汉语水平考试（HSK）是一项国际汉语能力标准化考试，重点考查汉语非第一语言的考生在生活、学习和工作中运用汉语进行交际的能力。考试共分六个等级的笔试和三个等级的口试。

　　为了使考生们能够更快更好地适应新的考试模式，了解考试内容，明确考试重点，熟悉新题型，把握答题技巧，2010年9月我们依据国家汉办2009年颁布的《新汉语水平考试大纲》（HSK一级至HSK六级）编写了《新汉语水平考试模拟试题集》应试辅导丛书。该套丛书共六册，分别对应HSK一级至HSK六级。每级分册均由10套笔试模拟试题组成，试题前对该级别考试做了考试介绍，对新模式的答题方法进行了指导，试题后附有听力文本及答案，随书附有听力模拟试题的录音MP3。

　　该套丛书的主要编写者均为教学经验丰富的对外汉语教师，他们同时又是汉语水平测试方面的研究者。所有试题在出版前均经参加过新HSK考试的考生们试测。各级试题语料所涉及的词汇及测试点全面覆盖大纲词汇及语法点，语料选取精心，难易程度控制合理。编写者对试题数量和答题时间也进行了科学分配，使模拟试题更加接近新HSK真题。该套丛书出版后，深受广大考生的欢迎和好评，五年内，九次印刷，长销不衰。

　　此次修订，我们在保持原版特色和优点的基础上，根据国家汉办最新颁布的2015版《HSK考试大纲》（一级至六级），认真听取有关专家的建议，充分研究真题及命题思路，参考新增补的话题大纲、任务大纲，剔除过时语料，增加了一些反映社会变化的实时语料，同时根据改进后的语言点大纲及词汇大纲，对试题内容进行了补充、修订和完善，旨在为广大考生提供更具针对性的应试材料。

　　修订后的《汉语水平考试模拟试题集》具有如下特点：

　　1. 试题仿真度更高：以2015版大纲为依据，对历年国家汉办公布的HSK真题进行了详细分析，在此基础上完成修订，进一步提升了试题的仿真度。

　　2. 试题更具权威性：在有关专家指导下对新大纲进行了全面、细致的解读，修订后试题从内容到形式都更加符合新大纲的要求。

　　3. 词汇、语言点对新大纲的覆盖更加全面：根据新词汇大纲中各级词汇微调后的变化及新增话题大纲、任务大纲、语言点大纲的内容对原有试题进行改进和完善，试题全面覆盖了新词汇大纲，语言点大纲及新增的话题大纲、任务大纲的内容。

4. 语料更具时代性：选取能够反映社会时代变化的语料，力争实现新大纲所要求的语言能力与社会认知协同发展的目标。

相信广大考生和从事汉语水平考试辅导的教师们会受益于本套丛书，这也是我们最大的心愿，同时希望使用本套丛书的同人们不吝赐教，提出宝贵意见。

本套丛书各分册配套录音听力试题前的中国民乐由"女子十二乐坊"演奏，在此深表谢意。

编　者

Introduction to the Revised Edition

The HSK, or Chinese Proficiency Test, is a standardized test of international Chinese proficiency, mainly testing non-native speakers' ability to communicate in Chinese in their life, study and work. The written test is available at six levels and the oral test at three levels.

In order to help test takers get familiar with the mode and questions of the new test, understand its contents and focuses, as well as master the test-taking strategies, we compiled the test guide series *Simulated Tests of the New HSK* in September 2010 based on the 2009 edition of *Chinese Proficiency Test Syllabus* of Hanban. There are six books in the series, corresponding to HSK Levels 1-6. Each book is made up of 10 written tests. Before the simulated tests is an introduction to the corresponding level and the directions for answering the questions of the new mode. The script of the listening section and answers can be found after the tests. The MP3 files of the listening section are provided in a disc attached to the book.

The authors of this series are mostly experienced CFL (Chinese as a foreign language) teachers as well as researchers of Chinese proficiency testing. Before publication, all the simulated tests have been pretested by past examinees of the new HSK. The test materials at all levels ensure a full coverage of the vocabulary and grammar points required by the new HSK syllabus. The language materials have been carefully selected with thoughtful deliberation, and the complexity of the questions has been controlled within a reasonable range. The amount of questions and test time have also been reasonably arranged to match the real test. Since its publication, the series has been well received and deeply favored by the test takers. It has been printed nine times within five years and is still selling well.

This revised edition is based on the 2015 *HSK Test Syllabus* (Levels 1-6) of Hanban. While keeping the features and merits of the original edition, we have solicited suggestions from experts, studied the real test and test design approaches, removed the outdated language materials and added some latest ones that reflect social changes. We have also made some additions, revisions and improvements to the content based on the revised syllabus of language points and vocabulary. The aim is to provide test takers with better-targeted test preparation materials.

The features of the revised *Simulated Tests of the HSK* are as follows:

1. Closer to the real test: The revision is based on the 2015 syllabus as well as a detailed analysis of the past HSK test papers given out by Hanban, which makes the simulated tests closer to the real test.

2. More authoritative: An all-round, detailed interpretation of the new syllabus has been made under the guidance of experts, making the simulated tests in the revised edition better meet

the requirements of the new syllabus in terms of content and form alike.

3. Full coverage of the vocabulary and language points in the new syllabus: The original simulated tests have been revised and improved based on the changes of the vocabulary as well as the newly added sections of topics, tasks and language points in the new syllabus. In this way, the simulated tests cover exhaustively the vocabulary, language points, topics, and tasks in the new syllabus.

4. More up-to-date language materials: Language materials that reflect the changing society and times have been selected so that one's language competences required by the new syllabus can be developed hand in hand with one's social cognition.

We believe that test takers and teachers of HSK will benefit from this series, which is also our biggest hope. Also, we sincerely hope users of the series will all feel free to share opinions and suggestions with us.

Sincere thanks go to the Twelve Girls Band, who has performed the Chinese folk music before each listening test in the audio files accompanying the series.

The authors

目　录

汉语水平考试 HSK（四级）

考试介绍

考试对象　　参加 HSK（四级）的考生应已掌握 1200 个左右的词和常用语法，可以用汉语就较广泛领域的话题进行谈论，能较流利地与汉语为母语者进行得体的交流。

考试内容及时间　　HSK（四级）笔试分为听力、阅读和书写三个部分，共 100 题，约 105 分钟，包括：

1.听力（45 题，约 30 分钟）

2.阅读（40 题，40 分钟）

3.书写（15 题，25 分钟）

还包括考生填写个人信息 5 分钟，听力结束后填写答题卡 5 分钟。

HSK（四级）听力试题每题听一遍，包括三部分：第一部分 10 道题，第二部分 15 道题，第三部分 20 道题。内容和要求如下：

听力	第一部分	听一小段话判断句子对错
	第二部分	听两句对话选择正确答案
	第三部分	听较长对话和短文选择正确答案

HSK（四级）阅读试题包括三部分：第一、二部分各 10 道题，第三部分 20 道题。内容和要求如下：

阅读	第一部分	选择词语完成句子和对话
	第二部分	根据所给句子排列顺序
	第三部分	阅读句子和短文选择正确答案

HSK（四级）书写试题包括两部分：第一部分 10 道题，第二部分 5 道题。内容和要求如下：

书	第一部分　整理句子
写	第二部分　看图，根据所给词语造句

考试成绩　　HSK（四级）听力、阅读和书写部分满分各为 100 分，总分 300 分，180 分为合格，HSK 成绩报告由国家汉办颁发，成绩自考试日起两年内有效。

汉语水平考试 HSK（四级）
答 题 指 南

　　HSK（四级）考试笔试分听力、阅读和书写三部分，在试题前都给出了示例，要求学生仿照示例完成试题。下面以示例为据，简要说明各部分的答题方法。

听　力

　　听力试题每题都只听一遍，要求30分钟答完45道题。各部分答题时间为：第一部分10秒左右，第二部分17秒左右，第三部分17秒左右。

　　第一部分　共10道题。这部分试题是根据录音中的一小段话判断所给句子的对错。由于所听内容比较简短，并且在听后要迅速做出判断，所以考生们应在听之前，先看给出的句子，找出它的关键词语，这样在听到这段话时才能准确判断所给句子是否正确。

　　例如，你在试卷上看到下面一句话：

　　★ 他打算下午去银行。

　　看到这个句子，可以判断出"下午"和"去银行"是问题的关键。

　　你听到下面一小段话：

　　我想去办个信用卡，今天下午你有时间吗？陪我去一趟银行？

　　根据录音中所说"办信用卡"可知只有银行才能办理，从"今天下午你有时间吗？"可知说话人想下午去，这样就可以迅速做出这个句子是正确的的判断了（打√）。

　　又如，你在试卷上看到下面一句话：

　　★ 他喜欢看电视广告。

　　同样，看到这个句子时，考生应该判断出"喜欢"和"看……广告"是关键内容。

　　你听到这样几句话：

现在我很少看电视，其中一个原因是，广告太多了，不管什么时间，也不管什么节目，只要你打开电视，总能看到那么多的广告，浪费我的时间。

根据在录音中听到的"很少看电视"和"广告太多了……浪费我的时间"可以判断出说话人不喜欢看电视的原因之一是广告太多，所以很容易判断出这个句子是错的（打 × ）。

第二部分 共 15 道题。这部分试题是根据录音中的对话选择正确答案。试题一般都是两句对话，内容基本是日常生活中经常发生的事，以简单句式和关键词为考点，所以建议先看问题中的四个选项，对将要听到的对话内容有一个大致的了解，然后再边听边判断哪个是正确选项。

例如，你听到下面一段对话：

女：该加油了。去机场的路上有加油站吗？

男：有，你放心吧。

问：男的主要是什么意思？

在试卷上看到以下四个选项：

A 去机场　　　B 快到了　　　C 油是满的　　　D 有加油站

根据选项可以猜测出这个对话是关于汽车加油的。又听到对话中女的说"该加油了"和"有加油站吗"，可以判断出女的想去加油站，男的回答"有"，可以判断出男的的意思是"有加油站"，所以此题的正确答案是 D。

第三部分 共 20 道题。这部分试题是根据录音中的对话和小短文选择正确答案。试题基本上是 4-5 句对话，有时会出现一些常用成语、俗语及惯用语等。要求考生既要根据上下文判断说话人的语意，又要努力排除干扰项。这部分由于对话相对较长，所以考生很容易被干扰项所迷惑，这就要求考生一定要先看答案中的四个选项，确定问题与哪个方面有关联，然后再集中精力听相关句子，进行准确判断。

例如，你听到下面一段对话：

男：把这个材料复印 5 份，一会儿拿到会议室发给大家。

女：好的。会议是下午三点吗？

男：改了，三点半，推迟了半个小时。

女：好，602 会议室没变吧？

男：对，没变。

问：会议几点开始？

在试卷上看到以下四个选项：

A 两点　　　　B 三点　　　　C 15：30　　　　D 18：00

根据所给的四个选项，先确定本题要求回答的是时间。录音中听到女的问"会议是下午三点吗"，男的回答"改了，三点半，推迟了半个小时"，可以判断出他们在说会议开始的时间已经改在三点半了，而"推迟了半个小时"是在进一步说明比原来计划的时间晚半个小时的意思。后边的对话虽然与会议有关，但是在说会议的地点，与时间没有关系，所以考生不需要对最后一句话多加考虑。此题的正确答案是 C。

阅　读

阅读题要求 40 分钟答完 40 道题，时间分配最好为：第一部分每题在 45 秒钟内完成，第二部分每题在 45 秒内完成，第三部分每题在 1 分钟左右完成。

第一部分　共 10 道题。要求选择词语完成句子或对话。这部分的词语主要侧重名词、动词和形容词等实词。目的是检验考生是否掌握常用词的词性及在句中应处的位置。考生在这部分应注意先把每句话和所给选项仔细阅读一遍，然后认真思考每句话的残缺部分所要求的句子成分，在答题中要兼顾句子的内容和关联词语的使用，不能只看其中的一部分。

例如，你看到以下六个选项和一句话：

A 大使馆　　B 替　　C 遵守　　D 坚持　　E 负责　　F 始终

她每天都（　　　）走路上下班，所以身体一直很不错。

根据题意可知，所给句子第一个分句是一个连动句，其中主语和动词、宾语成分都完整，因此需要一个修饰限定"走路上下班"的状语成分，选项中"坚持"有表示坚决保持和进行的意思，修饰"走路上下班"，与后一分句"身体一直很不错"构成因果关系，符合题意，所以选 D。

又如，你看到以下六个选项和一组对话：

A 表达　　B 以及　　C 温度　　D 看不起　　E 就是　　F 说明书

A：今天真冷啊，好像白天最高（　　　）才 2℃。

B：刚才电视里说明天更冷。

根据上下文可以判断出这是一个关于天气的对话，说话人说"才2℃"说明是在谈论气温的高低，而"最高"是修饰限定名词性成分的，因此可知它后边应该选择名词"温度"作为本句的主语，所以选C。

第二部分 共10道题。要求根据所给内容排列出正确的句子顺序。这一部分重点测试考生对关联词语和上下文语意的掌握。这一部分的内容基本上来源于生活，完全符合平时我们对生活常识的认识，所以要注重上下文内容的逻辑衔接和关联词语的运用。

　　例如：A 可是今天起晚了
　　　　　B 平时我骑自行车上下班
　　　　　C 所以就打车来公司

这道题考生在排序时首先要注意两个相关的词语即"平时"和"今天"是说明今天的情况与平时有所不同，然后再根据"可是"这一表示转折关系的连词确定前后顺序，接下来考虑其后边的"起晚了"与最后一句在内容上是否有关联，"所以"是表示因果关系的连词，不难看出"起晚了"与"打车来公司"构成了因果关系，符合题意，所以可以很快得出正确排序是BAC（把字母填写在横线上：<u>B</u> <u>A</u> <u>C</u>）。

第三部分 共20道题。要求阅读一段话，根据问题选出正确答案。简单的词语辨析和对一段话大概意思的概括能力是考试的重点，所以要求考生平时尽量多掌握一些同义词和近义词的辨析。注意，即使有不认识的词也不必紧张，可根据句意对选项进行判断。

　　例如，你看到：

　　　　她很活泼，说话很有趣，总能给我们带来快乐，我们都很喜欢和她在一起。

　　　　★ 她是个什么样的人？
　　　A 幽默　　　　B 马虎　　　　C 骄傲　　　　D 害羞

阅读后可知，"说话很有趣"是说一个人说话幽默，其他选项不合题意，由此可以判断出A是正确答案。

书　写

书写部分要求25分钟答完15道题。建议考生尽量在第一部分的答题过程中用一分半钟左右完成一道书写题，第二部分用一分钟左右完成一道看图造句题。

第一部分 共10道题。要求用所给词语整理出完整的一句话。这一部分主要考查考生对汉语基本句型和基本语序的掌握。考生应首先注意主语、谓语、宾语的确定，然后再确定其他成分的位置。

例如：

那座桥　800年的　历史　有　了

　那座桥有800年的历史了。　

根据所给词语可以判断出，本句主要考查"有+数量词+名词性结构+了"这一句型，"那座桥"是本句的主语，结构助词"的"是定语的标志，"800年的"应放在被限定词的前边，语气助词"了"起到完句的作用，应放在最后。

第二部分 共5道题。要求根据所给词语看图造句。这一部分要求考生能认真看图，抓住重点，展现图片中积极向上的一面，尽量使用较丰富的语言，把图片中的意思准确表述出来。需注意所给词语的词性，注意全部五幅图一般不用同一种句型表达，否则得分会相应地降低。例如：

乒乓球　　　　　　　她很喜欢打乒乓球。

根据图中一个女孩儿手里拿着乒乓球和球拍，以及所给词语是"乒乓球"，可以写出"她很喜欢打乒乓球""她乒乓球打得很好""她正在打乒乓球"等句子。

最后，需要注意的是，听力部分结束后，有5分钟时间填写听力部分答题卡。阅读和书写部分结束后，没有专门的答题卡填写时间，要直接在答题卡上作答（把 √ 或 × 以及答案所对应的字母 A、B、C、D 涂黑，或把要求书写的内容写在横线上）。例如：

8. [√] [×]　　　　　21. [A] [B] [C] [D]

56. B A C　　　　　86. 那座桥有800年的历史了。

96. 她很喜欢打乒乓球。

汉语水平考试

模拟试卷 》》》》

汉 语 水 平 考 试

HSK（四级）模拟试卷 *1*

注　　意

一、HSK（四级）分三部分：

　　1.听力（45 题，约 30 分钟）

　　2.阅读（40 题，40 分钟）

　　3.书写（15 题，25 分钟）

二、听力结束后，有 5 分钟填写答题卡。

三、全部考试约 105 分钟（含考生填写个人信息时间 5 分钟）。

一、听　力

第一部分

第1–10题：判断对错。

例如：我想去办个信用卡，今天下午你有时间吗？陪我去一趟银行？

    ★ 他打算下午去银行。　　　　　　　　　　　　　　（ √ ）

    现在我很少看电视，其中一个原因是，广告太多了，不管什么时间，也不管什么节目，只要你打开电视，总能看到那么多的广告，浪费我的时间。

    ★ 他喜欢看电视广告。　　　　　　　　　　　　　　（ × ）

1.   ★ 这种裙子没有黑色的了。　　　　　　　　　　　（　　）

2.   ★ "我"不反对姐姐交男朋友。　　　　　　　　　　（　　）

3.   ★ 他今天下午要上历史课。　　　　　　　　　　　（　　）

4.   ★ 爸爸每天开车上下班。　　　　　　　　　　　　（　　）

5.   ★ 学校要求他寒假去参加学习班。　　　　　　　　（　　）

6.   ★ 现在的年轻人越来越不健康了。　　　　　　　　（　　）

7.   ★ 爸爸是公司职员。　　　　　　　　　　　　　　（　　）

8.   ★ 在休息室可以抽烟。　　　　　　　　　　　　　（　　）

9.   ★ "我"要给爷爷买一个蛋糕。　　　　　　　　　　（　　）

10.   ★ 妈妈不满意小明的成绩。　　　　　　　　　　　（　　）

第二部分

第 11–25 题：请选出正确答案。

例如：女：该加油了。去机场的路上有加油站吗？

男：有，你放心吧。

问：男的主要是什么意思？

A 去机场　　　　B 快到了　　　　C 油是满的　　　　D 有加油站 √

11. A 律师　　　　B 医生　　　　C 导游　　　　D 科学家

12. A 颜色不好看　B 样子不适合　C 太贵了　　　D 不喜欢这双鞋

13. A 饭馆　　　　B 公司　　　　C 家里　　　　D 教室

14. A 春天　　　　B 夏天　　　　C 秋天　　　　D 冬天

15. A 女的很粗心　B 男的很生气　C 女的被批评了　D 男的做错了

16. A 付款　　　　B 存钱　　　　C 取钱　　　　D 收款

17. A 很负责　　　B 不诚实　　　C 有礼貌　　　D 很认真

18. A 7690　　　　B 6790　　　　C 6097　　　　D 6709

19. A 买车　　　　B 找工作　　　　C 租房子　　　　D 买房子

20. A 坐火车　　　B 坐汽车　　　　C 坐飞机　　　　D 坐出租车

21. A 学生　　　　B 老师　　　　　C 经理　　　　　D 服务员

22. A 不爱学习　　B 学习习惯很好　C 年龄很小　　　D 成绩一般

23. A 生病了　　　B 车坏了　　　　C 起来晚了　　　D 堵车了

24. A 不用工作　　B 睡得太少　　　C 太累了　　　　D 时间还早

25. A 买东西　　　B 看新闻　　　　C 玩儿游戏　　　D 看电影

第三部分

第 26-45 题：请选出正确答案。

例如：男：把这个材料复印 5 份，一会儿拿到会议室发给大家。

女：好的。会议是下午三点吗？

男：改了，三点半，推迟了半个小时。

女：好，602 会议室没变吧？

男：对，没变。

问：会议几点开始？

A 两点　　　　B 三点　　　　C 15：30 √　　　　D 18：00

26. A 堵车了　　　B 有些不高兴　　C 没参加表演　　D 不能开车

27. A 等着应聘　　B 准备工作　　　C 看电影　　　　D 喝咖啡

28. A 没有时间去　B 眼镜太旧了　　C 不用换眼镜　　D 眼镜不好看

29. A 明天　　　　B 今晚　　　　　C 不知道　　　　D 现在

30. A 女的很忙　　B 女的定时间　　C 男的写了文章　D 男的是老师

31. A 开会　　　　B 带东西　　　　C 去上海　　　　D 做工作

32. A 商店　　　　B 机场　　　　　C 银行　　　　　D 教室

33. A 借书　　　　B 送手机　　　　C 看比赛　　　　D 打电话

34. A 不爬山了　　B 不希望下雨　　C 不想爬山　　　D 以后去爬山

35. A 孩子要听话　　　　　　　　　B 怎么解决问题

　　C 男的爱发脾气　　　　　　　　D 怎样教育孩子

36. A 质量好　　　B 可以交朋友　　C 价格便宜　　　D 能用信用卡

37. A 穿的 　　　　B 玩的 　　　　C 喝的 　　　　D 男朋友

38. A 两天 　　　　B 三天 　　　　C 两年 　　　　D 三年

39. A 我爱北京 　　　　　　　　　B 父母生活在北京

　　 C 我喜欢吃北京烤鸭 　　　　D 北京烤鸭很有名

40. A 跟小猫玩儿 　　　　　　　　B 跟小狗玩儿

　　 C 跟服务员聊天儿 　　　　　　D 跟孩子玩儿

41. A 能喝咖啡 　　B 会陪顾客 　　C 很安全 　　D 很流行

42. A 六个小时 　　B 七个小时 　　C 八个小时 　　D 九个小时

43. A 睡不着 　　　B 工作忙 　　　C 不想运动 　　D 醒得太早了

44. A 喜欢吃肉 　　B 喜欢游泳 　　C 晚上休息 　　D 白天休息

45. A 动物园 　　　B 树上 　　　　C 水里 　　　　D 中国东北

二、阅　读

第一部分

第46–50题：选词填空。

　　　A 法律　　　B 改变　　　C 羡慕　　　D 坚持　　　E 毕业　　　F 道歉

例如：她每天都（ D ）走路上下班，所以身体一直很不错。

46. 掌握一定的（　　）知识，对我们每个人来说都很重要。

47. 做错事就要（　　），这样才能得到别人的原谅。

48. 她有一个非常幸福的家庭，人人都很（　　）她。

49. 如果不做出（　　），就永远不会进步。

50. 我的大学同学（　　）后，大多去公司工作了。

第51-55题：选词填空。

　　　A 密码　　　B 联系　　　C 温度　　　D 演出　　　E 比较　　　F 赶

例如：A：今天真冷啊，好像白天最高（ C ）才2℃。
　　　B：刚才电视里说明天更冷。

51. A：这么晚了还出去？多不安全啊！
　　 B：没事儿，今晚学校有（　　），我和朋友一起去。

52. A：小王，上次我给你介绍的女朋友，你们后来（　　）了吗？
　　 B：最近工作太忙了，没有时间啊。

53. A：怎么办？我忘记我的银行卡（　　）了！
　　 B：再好好儿想一想，实在想不起来就只能去银行了。

54. A：我的总结写好了，你能帮我看一下吗？
　　 B：我也在（　　）时间写总结，你先等一会儿吧。

55. A：小芳，你看看这两件衣服哪件（　　）好看？
　　 B：我觉得你穿的话，红色这件更好一些吧。

第二部分

第 56–65 题：排列顺序。

例如：A 可是今天起晚了

　　　 B 平时我骑自行车上下班

　　　 C 所以就打车来公司　　　　　　　　　　　　　　 B A C

56. A 小时候每次放暑假妈妈都让我在家弹钢琴

　　 B 没想到长大后我真的爱上了弹钢琴

　　 C 现在我想成为一名钢琴家　　　　　　　　　　　 _____

57. A 因为只有这样才可能获得成功

　　 B 一个人有了理想

　　 C 就应该积极地去努力　　　　　　　　　　　　　 _____

58. A 每天上下班的时候，路上经常堵车

　　 B 就很容易迟到

　　 C 如果早上上班不早点儿出门的话　　　　　　　　 _____

59. A 可是现在真的成为一名导游了

　　 B 我从小的梦想就是能当个导游到处旅行

　　 C 我才发现这原来是一份很辛苦的工作　　　　　　 _____

60. A 今天竟然一下子变得这么冷

　　 B 看来冬天真的来了

　　 C 昨天还很暖和　　　　　　　　　　　　　　　　 _____

61. A 其实他常常和父母发脾气
    B 他平时对别人很好
    C 大家都以为他性格不错 _____

62. A 我们都为他感到高兴
    B 并且向他表示祝贺
    C 经过三年的努力，小林终于考上了博士 _____

63. A 也可能是很久以前的经历
    B 我们晚上做的梦
    C 可能是白天经历的事情 _____

64. A 这个星期日我过生日
    B 我要在家里举办生日晚会
    C 希望你能来参加 _____

65. A 你才能知道到底谁才是真正的朋友
    B 每个人的周围都有很多朋友
    C 但是只有当你遇到困难的时候 _____

第三部分

第66–85题：请选出正确答案。

例如：她很活泼，说话很有趣，总能给我们带来快乐，我们都很喜欢和她在一起。

★ 她是个什么样的人？

A 幽默 √　　　　B 马虎　　　　C 骄傲　　　　D 害羞

66. 巧克力非常受女孩子的欢迎，但是因为巧克力的热量很高，吃多了可能会使人变胖，所以即使非常喜欢也不能一次吃得太多。

★ 不能一次吃太多巧克力的原因是：

A 很贵　　　　B 容易变胖　　　　C 不好吃　　　　D 不爱吃

67. 在生活中有些人总是说自己不幸福，而羡慕别人的幸福。其实，幸福是一种感觉，是一种生活态度，每个人的幸福都在自己手中。

★ 这段话主要告诉我们，幸福：

A 需要羡慕　　　B 是相同的　　　C 很简单　　　D 有标准

68. 现在很多年轻人把水果、饼干等当正餐，以为这样就能减肥。其实，这样做是不科学的，长期下去会造成营养不良。

★ 这段话主要想告诉我们什么？

A 多吃水果好　　B 吃饼干能减肥　　C 要科学减肥　　D 减肥很容易

69. 今年暑假，我和朋友一起去了四川的九寨沟。那里景色非常美丽，空气也很新鲜，我在那儿拍了很多照片。

★ 四川九寨沟：

A 空气不好　　　B 景色很美　　　C 不值得去　　　D 很少有人去

70. 父母和老师在教育儿童的时候，需要有爱心和耐心。因为童年对一个人以后的人生会产生非常重要的影响。

★ 一个人的童年：

A 要有耐心　　　　B 很重要　　　　C 要受到教育　　D 要有礼貌

71. 宠物是人类的好朋友，它们让我们学会爱与责任，它们给我们的生活带来阳光和笑声，它们值得我们每个人的尊重。

★ 根据这段话，宠物：

A 每个人都要养　B 不会死亡　　　C 没人喜欢　　　D 值得被爱

72. 爱读书是个好习惯。一本好书就像一位老师，可以教给我们很多知识，使我们受到启发。因此，让我们养成读书的好习惯吧。

★ 这段话告诉我们，应该：

A 找老师　　　　B 多读书　　　　C 尊重老师　　　D 学知识

73. 今天我想打印一份材料，却发现办公室的打印机坏了，所以只好去隔壁的办公室打印。谁知道他们的打印机也坏了，这真是太奇怪了！

★ 根据这段话：

A 没有打印机　　B 没有纸了　　　C 打印机坏了　　D 材料丢了

74. 很多家长常让孩子做这做那，比如他们常常告诉孩子要节约用水，要诚实等，但他们自己却不这么做。其实，家长才是孩子最好的老师。

★ 根据这段话，下面哪一项是对的：

A 要尊重老师　　B 要感谢父母　　C 要自信　　　　D 要节约用水

75. 我现在在读硕士，以后想当一名汉语翻译。我的老师告诉我，我需要积累大量的词语。因此我每天早上听广播，有不懂的词语就记下来然后查词典。

★ 听广播有不懂的词语时，"我"：

A 很难受　　　　B 查词典　　　　C 很吃惊　　　　D 看答案

76. 生活中我们经常因为粗心而找不到东西。这时候不能着急，相反，要静下心来仔细回忆，也许你要找的东西就在眼前。

★ 找东西要：

A 仔细回忆　　　B 粗心　　　　　C 找人帮忙　　　D 先整理

77. 现在很多人在餐厅聚会，付款时不是用现金而是用信用卡。这种方式很方便，正在被越来越多的人所接受。

★ 根据这段话，用信用卡：

A 不能付款　　　B 很方便　　　　C 很省钱　　　　D 不被人接受

78. 有些人很喜欢和别人开玩笑，觉得这很幽默，也很有趣。但实际上并不是每个人都喜欢开玩笑，有的人甚至会因此而生气。这一点应该引起我们的注意。

★ 这段话告诉我们，开玩笑：

A 不能太随便　　B 应被禁止　　　C 要道歉　　　　D 很麻烦

79. 婚姻和爱情的关系是怎样的？相爱的人不一定会走入婚姻。陪你走过一生的那个人，也许不是你最爱的那个人，只是在对的时间、对的地点遇到的那个人。

★ 这段话告诉我们，互相喜欢的人：

A 会结婚　　　　B 不一定在一起　C 很幸福　　　　D 不愉快

80-81.

　　每个人在成长的过程中，都会遇到各种各样的烦恼，但我们不能常常因此而难过，或者对生活感到失望。只要你能勇敢地去面对，就一定能找到解决的办法。我们应该明白，正是这些烦恼丰富了我们的人生，让我们更加珍惜眼前幸福的生活。

★ 这段话主要谈：

A 烦恼　　　　　B 幸福　　　　　C 艺术　　　　　D 生活

★ 遇到烦恼的时候，我们应该：

A 感到难过　　　B 感到失望　　　C 勇敢面对　　　D 珍惜烦恼

82–83.

当我们要做出一个决定的时候，常常习惯问一问别人的意见。也许这样确实能帮助我们做出更加正确的判断。但是无论别人说什么，最后还是要自己做出决定，如果自己不考虑就接受了别人的建议，也许以后出现问题了就会后悔当时的决定。

★ 做出决定之前问一问别人的意见，可以：

A 正确判断问题　　　B 更自信　　　C 不后悔　　　D 遇到问题

★ 根据这段话，可以知道什么？

A 要多和别人聊天儿　　　　　B 最好自己做决定

C 耐心很重要　　　　　　　　D 尊重别人

84–85.

现在，很多家庭都喜欢在屋子里养一些植物，这确实有很多好处，比如可以使人心情愉快，也可以让空气变得新鲜。但是，其实有些植物并不适合在室内养，它们虽然看上去很好看，却会对人的健康产生不良的影响。因此如果想在家里养一些花的话，最好先上网查一查。

★ 关于养花，下面哪句话正确：

A 使人心情好　　　　　　　　B 对身体有益

C 对身体有害　　　　　　　　D 都适合在家养

★ 这段话主要谈：

A 空气　　　B 上网　　　C 健康　　　D 养花

三、书 写

第一部分

第 86–95 题：完成句子。

例如：那座桥　　800 年的　　历史　　有　　了

那座桥有 800 年的历史了。

86. 现在　　也　　了　　去机场　　来不及

87. 这面镜子　　时候　　是　　出差的　　买的

88. 有　　客厅　　一些　　家具　　里

89. 你知道　　可以　　哪里　　吗　　发传真

90. 我决定　　去　　广告公司　　应聘　　一家

91. 请　　把　　那份　　材料　　拿过来

92. 准备　　正　　他　　搬　　到郊区　　住

93. 他　　这儿的环境　　比你　　更熟悉

94. 证明　　他　　这　　很诚实　　的　　是

95. 这件事　　伤心　　因为　　不值得

第二部分

第 96–100 题：看图，用词造句。

例如：　　　　　　　　　乒乓球　　　她很喜欢打乒乓球。

96.　　　　加班

97.　　　　作家

98.　　　　挂

99.　　　　开心

100.　　　　打招呼

汉语水平考试

HSK（四级）模拟试卷 2

注　　意

一、HSK（四级）分三部分：

    1. 听力（45题，约30分钟）

    2. 阅读（40题，40分钟）

    3. 书写（15题，25分钟）

二、听力结束后，有5分钟填写答题卡。

三、全部考试约105分钟（含考生填写个人信息时间5分钟）。

一、听 力

第 一 部 分

第 1–10 题：判断对错。

例如：我想去办个信用卡，今天下午你有时间吗？陪我去一趟银行？

    ★ 他打算下午去银行。   (√)

    现在我很少看电视，其中一个原因是，广告太多了，不管什么时间，也不管什么节目，只要你打开电视，总能看到那么多的广告，浪费我的时间。

    ★ 他喜欢看电视广告。   (×)

1.   ★ "我" 原来就认识小李。   ( )

2.   ★ 早上的空气一定不好。   ( )

3.   ★ 他早就知道会出现这种情况。   ( )

4.   ★ 王师傅的鱼做得很好吃。   ( )

5.   ★ 我们班的同学都喜欢唱歌。   ( )

6.   ★ 他记得台词。   ( )

7.   ★ 他的衣服都湿了。   ( )

8.   ★ 主人送客人时应该先站起来。   ( )

9.   ★ 小刘很小气。   ( )

10.   ★ 他在买衣服。   ( )

第二部分

第 11–25 题：请选出正确答案。

例如：女：该加油了。去机场的路上有加油站吗？
　　　男：有，你放心吧。
　　　问：男的主要是什么意思？
　　　A 去机场　　　　B 快到了　　　　C 油是满的　　　　D 有加油站 √

11.　A 同事　　　　　B 恋人　　　　　C 姐弟　　　　　D 朋友

12.　A 别出去了　　　B 应该去工作　　C 一年后再去　　D 应该去留学

13.　A 记者　　　　　B 老师　　　　　C 演员　　　　　D 作家

14.　A 没有作业本　　B 没写完作业　　C 不喜欢学习　　D 作业本丢了

15.　A 旅行　　　　　B 减肥　　　　　C 理发　　　　　D 学习

16.　A 都卖完了　　　B 卖得不好　　　C 还有很多　　　D 太贵了

17.　A 取钱　　　　　B 存钱　　　　　C 睡觉　　　　　D 买卡

18.　A 想睡觉　　　　B 眼睛难受　　　C 昨天哭了　　　D 生病了

19.   A 是老师   B 要请客   C 很有钱   D 会抽烟

20.   A 骄傲   B 认真   C 热情   D 不高兴

21.   A 运动有好处   B 晚上运动好   C 天气很好   D 爬山有好处

22.   A 很想哭   B 看过了   C 很想看   D 不想看

23.   A 很好喝   B 不好喝   C 马上去买   D 她会做

24.   A 开车去学校   B 哪个都行   C 明年再商量   D 选择离家近的学校

25.   A 宾馆   B 家里   C 饭馆   D 超市

第三部分

第 26—45 题：请选出正确答案。

例如：男：把这个材料复印 5 份，一会儿拿到会议室发给大家。

女：好的。会议是下午三点吗？

男：改了，三点半，推迟了半个小时。

女：好，602 会议室没变吧？

男：对，没变。

问：会议几点开始？

A 两点 B 三点 C 15：30 √ D 18：00

26.	A 很得意	B 很失望	C 很惊讶	D 很冷静
27.	A 51 分	B 60 分	C 61 分	D 59 分
28.	A 办公室	B 电影院	C 操场	D 医务室
29.	A 快餐店	B 歌厅	C 医院里	D 会议室
30.	A 手机	B 电脑	C 小提琴	D 麦克风
31.	A 一般	B 好吃	C 太辣	D 太甜
32.	A 男的	B 女的	C 男的的爸爸	D 女的的爸爸
33.	A 很轻松	B 有时候很忙	C 常出差	D 常去郊游
34.	A 孩子的视力	B 孩子的学习	C 电脑坏了	D 孩子的心情
35.	A 买光盘	B 办签证	C 打网球	D 买茶叶
36.	A 打印文件	B 学习知识	C 方便请假	D 翻译文章
37.	A 电脑有害	B 做人要谦虚	C 要懂得娱乐	D 客观地认识网络

38. A 听鸟儿叫 B 买小汽车 C 学习游泳 D 骑自行车

39. A 很新鲜 B 很熟悉 C 没意思 D 不干净

40. A 父母 B 领导 C 她自己 D 她的老师

41. A 后悔 B 轻松 C 激动 D 失望

42. A 南方 B 北方 C 东部 D 西部

43. A 苹果 B 葡萄 C 香蕉 D 草莓

44. A 很温柔 B 有学问 C 住院了 D 搬家了

45. A 对手 B 邻居 C 朋友 D 同事

二、阅　读

第一部分

第46–50题：选词填空。

A 要是　　B 挑　　C 态度　　D 尽快　　E 还是　　F 坚持

例如：她每天都（　F　）走路上下班，所以身体一直很不错。

46. 晚上十点以后最好不要给朋友打电话，即使非打不可，也要（　　）说完。

47. （　　）礼拜天下雨，我们就不能去郊区了。

48. 虽然他身边有很多漂亮女孩儿，可是要（　　）一个做女朋友，却不容易。

49. 我经常去那家理发店弄头发，那儿的服务（　　）好，价钱也合理。

50. 你想喝热咖啡、鲜牛奶，（　　）果汁？我这儿什么都有，不用客气。

第 51-55 题：选词填空。

A 愿意　　B 弄　　C 不得不　　D 温度　　E 上　　F 了不起

例如：A：今天真冷啊，好像白天最高（ D ）才 2℃。
　　　B：刚才电视里说明天更冷。

51. A：我（　　）到了两张明天的球票，你想不想去？
　　 B：那还用说。

52. A：这儿景色太美了，简直就像画儿一样！
　　 B：是啊，我都不（　　）离开了，要是能在这儿生活，那该有多好啊！

53. A：张教授太（　　）了，竟然能说五种语言。
　　 B：是啊，听说他父母都是研究语言的教授。

54. A：如果你在生活（　　）遇到了什么困难，尽管来找我好了！
　　 B：太谢谢你了，有你这样的朋友我真幸运。

55. A：听说李克的爸爸住院了，好像病得很厉害。
　　 B：是啊，所以他（　　）回国了。

第二部分

第 56–65 题：排列顺序。

例如：A 可是今天起晚了

B 平时我骑自行车上下班

C 所以就打车来公司

<u>　B A C　</u>

56. A 烤鸭不仅味道香

B 它已经有几百年的历史了

C 而且营养丰富，有助于美容

<u>　　　　　</u>

57. A 不管你愿意不愿意

B 我们生活在社会中

C 总要和各种各样的人打交道

<u>　　　　　</u>

58. A 据统计，人口最多的是广东省

B 中国有二十三个省

C 青海省的人口则是最少的

<u>　　　　　</u>

59. A 原来他记错了时间

B 差不多一个小时后

C 我在公园门口等到了他

<u>　　　　　</u>

60. A 这几年，城市的交通有了很大的改善

B 而且空气也越来越不好

C 但是上下班的时候还是常常堵车

<u>　　　　　</u>

61. A 给我留下了很深的印象
    B 应聘的时候表现得非常自信
    C 就是那个大学生

62. A 小伙子每天都给她发短信
    B 为了赢得那个女孩儿的欢心
    C 终于感动了那个女孩儿

63. A 那不过是一把小刀
    B 但不能用来切大块的肉
    C 虽然可以切水果

64. A 就一定能解决它
    B 只要我们一起努力
    C 问题并没有大家想象的那么难

65. A 前方正在修高速公路
    B 你们还是绕行吧
    C 所以现在禁止通行

第三部分

第 66-85 题：请选出正确答案。

例如：她很活泼，说话很有趣，总能给我们带来快乐，我们都很喜欢和她在一起。

   ★ 她是个什么样的人？

   A 幽默 √   B 马虎   C 骄傲   D 害羞

66. 聪明的人不怕失败，不管遇到多大的困难，他们都不怕，因为即使失败，他们也会学到很多东西。

   ★ 聪明的人：

   A 会交很多朋友   B 常遇到困难   C 不会失败   D 不怕困难

67. 好多人喜欢去大商场购物，这并不是因为他们有钱，而是因为商场里的东西可以保证质量，还可以退换，所以顾客很放心。

   ★ 顾客为什么喜欢去商场购物？

   A 东西可以打折   B 东西样式好   C 服务员态度好   D 东西质量好

68. 他整天开车在外边跑，虽然挣得很多，家里的生活也比过去好多了，但我和孩子没有一天不担心他的。

   ★ 根据这段话，"我"和他是：

   A 夫妻   B 亲戚   C 朋友   D 恋人

69. 我喜欢冬天的雪，是因为它把这个世界打扮得漂漂亮亮的。可今年的冬天，雪却很少，只剩下并不清新的空气和灰色的天空，让我感到很难过。

   ★ 今年冬天让"我"感到难过的是：

   A 雪不太多   B 空气很新鲜   C 天空不是灰色的   D 不够漂亮

70. 走在路上遇见认识的人应该打招呼，有时也可用点头表示友好，而遇到熟悉的朋友，还可以问问对方家人的情况。

★ 这段话是介绍：

A 交友方法　　　　B 礼貌用语　　　　C 问候方式　　　　D 朋友感情

71. 乘坐公交车时，应排队等候，不要挤在车行道上，更不要站在道路中间。

★ 等车时应该：

A 站在路边　　　　B 挤在一起　　　　C 按顺序排队　　D 不遵守秩序

72. 这本杂志出现于 1892 年，它的读者主要是都市女性，内容包括时尚时装、化妆、美容、健康、娱乐和艺术等各个方面，是一本综合性时尚生活杂志。

★ 这本杂志：

A 很流行　　　　B 男人爱看　　　　C 出版很早　　　　D 是时尚杂志

73. 这套房子很宽敞，还有热水器、电冰箱，位置也不错，可是冬天的时候，暖气烧得不好，所以我决定不再租了。

★ "我" 不租这套房子是因为：

A 暖气不热　　　　B 没有暖气　　　　C 没有空调　　　　D 卫生间太小

74. 明星看起来很让人羡慕，可是他们也会面临很多问题，比如，爱情、婚姻、事业的不顺利，假新闻带来的误会等等，所以很多明星都去看心理医生。

★ 根据这段话，可以知道明星：

A 婚姻稳定　　　　B 挣钱很多　　　　C 压力很大　　　　D 想当心理医生

75. 随着生活水平的提高，人们越来越重视精神生活，追求浪漫，所以看电影的人多了起来。虽然电影票越来越贵，但这并没有阻止人们看电影的热情。

★ 人们为什么喜欢看电影？

A 电影内容丰富　　B 电影票价不贵　　C 追求浪漫　　　　D 导演厉害

76. 业余爱好不仅让你更好地与人交往，还可以让你发现自己其他方面的能力。例如，踢足球既可以表现你运动方面的能力，又可以培养你的合作精神。

★ 这段话主要在谈：

A 生活习惯　　　B 业余爱好　　　C 朋友感情　　　D 环境保护

77. 以前我们去外地开会的时候，要带很多打印的文件，又厚又重，很不方便。现在，有了笔记本电脑，文件可以存在里面，减少了人们出行的麻烦。

★ 现在去开会：

A 不用文件　　　B 程序复杂　　　C 轻松方便　　　D 必须用电脑

78. 一个孝顺父母的人，一定值得别人尊重。一个连自己的父母都不尊敬的人，又怎么能真正地对别人好呢？

★ 孝顺父母的人：

A 更有名　　　B 很幽默　　　C 勇敢坚强　　　D 值得尊重

79. 除夕夜，中国人在半夜 12 点放完鞭炮之后，北方人习惯吃饺子，而南方人习惯吃年糕。

★ 根据这段话，除夕夜吃饺子或吃年糕前要：

A 包饺子　　　B 放鞭炮　　　C 做年糕　　　D 点蜡烛

80–81.

现在有很多父母让自己的孩子参加各种各样的辅导班，它们占用了孩子大量的业余时间，孩子失去了很多自由，觉得很累。我认为家长应该给孩子一个健康、快乐、没有压力的环境，让他们自由地成长，让他们因为快乐而喜欢学习，这样才对他们的学习有好处。

★ 孩子的业余时间都在做什么？

A 参加比赛　　　B 去辅导班　　　C 高兴地玩儿　　　D 和父母在一起

★ 什么对孩子的学习有好处？

A 要有压力　　　B 多样辅导　　　C 健康快乐　　　D 快点儿长高

82–83.

新年快要到了，小兔子打算送给熊猫一件礼物，它想来想去，最后带着数码相机来到熊猫的家里，准备为熊猫拍一张彩色照片，可是却发现相机没电了，充电器也找不到了。熊猫这时也在为小兔子准备礼物，它织了一顶紫色的帽子，但是忘了小兔子长着两只长长的耳朵，结果织小了，小兔子戴不上。

★ 小兔子准备为熊猫做什么？

    A 讲笑话　　　　B 剪头发　　　　C 拍照片　　　　D 买充电器

★ 熊猫准备的礼物怎么样？

    A 太小了　　　　B 忘带了　　　　C 太大了　　　　D 颜色不好

84–85.

地球最南和最北的两个地方，分别叫南极和北极。与其他地方不同的是，它们常年都有冰雪。就算在一年中最热的时候，南极和北极依然非常寒冷，这是南北两极共有的特征。但这些年来，由于地球的环境越来越糟糕，南极和北极也开始变热了。

★ 其他地方最热的时候，南极和北极：

    A 很糟糕　　　　B 已经很暖　　　　C 仍然很冷　　　　D 冰雪融化

★ 关于南北两极，可以知道：

    A 北极更冷　　　　B 开始变热　　　　C 到处是田野　　　　D 天气很热

三、书 写

第一部分

第 86–95 题：完成句子。

例如：那座桥　　800 年的　　历史　　有　　了
　　　　那座桥有 800 年的历史了。

86. 很高　　费用　　需要的　　治疗　　这项

87. 洗脸　　经常　　用肥皂　　这个　　小伙子

88. 这块手表　　设计　　得　　怎么样

89. 汽车　　停着　　院子里　　红色　　一辆

90. 这个消息　　不要　　告诉　　把　　别人

91. 快点儿　　经理　　我　　交总结　　让

92. 怎么能　　不　　呢　　我　　回来

93. 呢　　玛丽　　教室里　　上课　　在

94. 那张桌子　　了　　老师　　搬走　　被

95. 著名的　　一座　　是　　古城　　北京

第二部分

第 96–100 题：看图，用词造句。

例如： 乒乓球 ____她很喜欢打乒乓球。____

96. 辣

97. 速度

98. 讨论

99. 新鲜

100. 擦

汉语水平考试

HSK（四级）模拟试卷 *3*

注　　意

一、HSK（四级）分三部分：

    1. 听力（45 题，约 30 分钟）

    2. 阅读（40 题，40 分钟）

    3. 书写（15 题，25 分钟）

二、听力结束后，有 5 分钟填写答题卡。

三、全部考试约 105 分钟（含考生填写个人信息时间 5 分钟）。

一、听　力

第一部分

第1–10题：判断对错。

例如：我想去办个信用卡，今天下午你有时间吗？陪我去一趟银行？

　　★ 他打算下午去银行。　　　　　　　　　　　　　（ ✓ ）

　　现在我很少看电视，其中一个原因是，广告太多了，不管什么时间，也不管什么节目，只要你打开电视，总能看到那么多的广告，浪费我的时间。

　　★ 他喜欢看电视广告。　　　　　　　　　　　　　（ × ）

1.　★ 小高还没有来。　　　　　　　　　　　　　　　（　　）

2.　★ 他得到了这次机会。　　　　　　　　　　　　　（　　）

3.　★ 我们平时没有练习。　　　　　　　　　　　　　（　　）

4.　★ 现在打车不容易。　　　　　　　　　　　　　　（　　）

5.　★ "我" 不同意吃减肥药。　　　　　　　　　　　（　　）

6.　★ 他没有房子住。　　　　　　　　　　　　　　　（　　）

7.　★ 心情不好时应该喝牛奶。　　　　　　　　　　　（　　）

8.　★ "我" 正在读研究生。　　　　　　　　　　　　（　　）

9.　★ 出差时一定要带地图。　　　　　　　　　　　　（　　）

10.　★ 现在的手机可以上网。　　　　　　　　　　　（　　）

第 二 部 分

第 11-25 题：请选出正确答案。

例如：女：该加油了。去机场的路上有加油站吗？
男：有，你放心吧。
问：男的主要是什么意思？
A 去机场　　　 B 快到了　　　 C 油是满的　　　 D 有加油站 √

11. A 不想看　　　 B 马上看　　　 C 一会儿再看　　　 D 有意见

12. A 买车　　　 B 交通　　　 C 环境保护　　　 D 城市卫生

13. A 退房　　　 B 买车票　　　 C 去吃饭　　　 D 预订房间

14. A 商场　　　 B 旅游公司　　　 C 饭店　　　 D 学校

15. A 麦克马上来　　　 B 麦克生病了　　　 C 麦克出去了　　　 D 麦克在睡觉

16. A 幸福　　　 B 快乐　　　 C 有钱　　　 D 有朋友

17. A 很甜　　　 B 很酸　　　 C 很淡　　　 D 很辣

18. A 网球　　　 B 篮球　　　 C 羽毛球　　　 D 乒乓球

19.　A 失恋了　　　　B 出国了　　　　C 高兴了　　　　D 感动了

20.　A 喝酒　　　　　B 比赛　　　　　C 开晚会　　　　D 看电视

21.　A 兴奋　　　　　B 支持　　　　　C 不满意　　　　D 担心

22.　A 500 元　　　　B 560 元　　　　C 650 元　　　　D 1150 元

23.　A 作家　　　　　B 演员　　　　　C 主持人　　　　D 记者

24.　A 电脑坏了　　　B 密码错了　　　C 女的不会用　　D 男的不帮忙

25.　A 他没事儿　　　B 喜欢在家　　　C 不喜欢逛街　　D 想去逛街

第三部分

第 26–45 题：请选出正确答案。

例如：男：把这个材料复印 5 份，一会儿拿到会议室发给大家。

女：好的。会议是下午三点吗？

男：改了，三点半，推迟了半个小时。

女：好，602 会议室没变吧？

男：对，没变。

问：会议几点开始？

A 两点　　　　　 B 三点　　　　　　 C 15：30 ✓　　　 D 18：00

26. A 医院　　　　　B 药店　　　　　　C 家里　　　　　D 学校

27. A 擦车　　　　　B 修车　　　　　　C 擦地　　　　　D 擦玻璃

28. A 完全坏了　　　B 是新的　　　　　C 有病毒　　　　D 太旧了

29. A 今天是情人节　　　　　　　　　　B 女的在吃饭

C 男的在看电影　　　　　　　　　　 D 明天男的有安排

30. A 5400　　　　　B 4500　　　　　　C 4000　　　　　D 2800

31. A 篮球　　　　　B 足球　　　　　　C 网球　　　　　D 游泳

32. A 打扫厨房　　　B 打扫客厅　　　　C 打扫卫生间　　D 擦书架

33. A 10：20　　　　B 13：15　　　　　 C 15：10　　　　 D 15：40

34. A 下雨了　　　　B 男的有伞　　　　C 女的没带伞　　D 办公室里有伞

35. A 换钱　　　　　B 买东西　　　　　C 填表格　　　　D 报名

36. A 出差　　　　　B 买车票　　　　　C 坐火车　　　　D 坐地铁

37. A 太麻烦　　　　B 影响上车　　　　C 可以先上车　　　D 节省时间

38. A 速度快　　　　B 太旧了　　　　　C 坏了　　　　　　D 效率低

39. A 不高兴　　　　B 很生气　　　　　C 很满意　　　　　D 不感兴趣

40. A 导演　　　　　B 歌手　　　　　　C 演员　　　　　　D 记者

41. A 得到了钱　　　B 看了很多电影　　C 拿了奖　　　　　D 样子变了

42. A 药　　　　　　B 植物　　　　　　C 小吃　　　　　　D 化妆品

43. A 咸的　　　　　B 辣的　　　　　　C 又酸又甜　　　　D 又酸又辣

44. A 条件不好　　　B 吃的不卫生　　　C 非常累　　　　　D 缺少锻炼

45. A 要尊重老人　　B 要爱护身体　　　C 友谊很重要　　　D 要有责任感

二、阅 读

第一部分

第 46–50 题：选词填空。

A 抽　　B 旅行　　C 到处　　D 下来　　E 坚持　　F 方便

例如：她每天都（ E ）走路上下班，所以身体一直很不错。

46. 我们明天去杭州（　　），导游说西湖的景色很美。

47. 我家虽然离市中心比较远，但是交通很（　　）。

48. 房间里有空调，比较热，把大衣脱（　　）吧。

49. 高阳从书架上（　　）出一本书看了看，觉得没意思，又放了回去。

50. 我（　　）都找遍了，也没有发现那张邮票。

第 51–55 题：选词填空。

A 答案　　　B 温度　　　C 决定　　　D 可不是　　　E 靠　　F 大概

例如：A：今天真冷啊，好像白天最高（　B　）才 2º C。
　　　B：刚才电视里说明天更冷。

51. A：服务员，请问烤鸭什么时候能烤好？
　　 B：（　　　）得半个小时吧！

52. A：你说我应不应该去他家啊？
　　 B：这是你自己的事儿，你自己（　　　）。

53. A：老师，这道题选择 C 对吗？
　　 B：不对，正确（　　　）是 D。

54. A：你是不是把对联贴反了？
　　 B：哎呀，（　　　）嘛，上联应该在右边，我贴到左边墙上了。

55. A：她的亲人都在地震中去世了，现在只剩下她一个人。
　　 B：太可怜了，真不知道以后她要（　　　）什么生活。

第 二 部 分

第 56–65 题：排列顺序。

例如：A 可是今天起晚了

   B 平时我骑自行车上下班

   C 所以就打车来公司　　　　　　　　　　　　　　　B A C

56. A 只能刷卡了

   B 可是因为着急，忘了带现金

   C 我去超市买橡皮和信封　　　　　　　　　　　　　_____

57. A 现在节日礼物越送越贵重

   B 有的学生每年要花上百元买贺年卡

   C 连校园里也不例外　　　　　　　　　　　　　　　_____

58. A 要先托运行李

   B 登机前

   C 然后再领登机牌　　　　　　　　　　　　　　　　_____

59. A 更容易生病

   B 我从小身体就不好

   C 遇上这样的天气　　　　　　　　　　　　　　　　_____

60. A 据有关资料统计

   B 这绝对不是一个小数目

   C 在北京，学校用水占全部城市用水的 13%　　　　_____

61. A 我每周给小鱼换一次水
    B 那个时候小鱼总是很听话
    C 有时还搅动水给它增加氧气   _____

62. A 出现了大批优秀演员
    B 京剧形成以来
    C 同时也形成了很多流派   _____

63. A 无论是在家里
    B 还是在公共场所
    C 老年人都应该受到尊敬   _____

64. A 当一名律师是她的梦想
    B 却还是没能实现这个愿望
    C 可是尽管她付出了很多努力   _____

65. A 虽然我们喜欢传统旗袍
    B 他们又设计出了有欧洲风格的旗袍
    C 但是设计师们更愿意创新   _____

第三部分

第66-85题：请选出正确答案。

例如：她很活泼，说话很有趣，总能给我们带来快乐，我们都很喜欢和她在
一起。

　　★ 她是个什么样的人？

　　A 幽默 √　　　　　B 马虎　　　　　C 骄傲　　　　　D 害羞

66. 爱好会带你敲开成功的大门，当你因为爱好去做一件事情的时候，就会充
满兴趣，心情愉快。

　　★ 你非常愉快地去做一件事，是因为：

　　A 想成功　　　　B 爱好它　　　　C 很自信　　　　D 没兴趣

67. 年糕不仅味道香甜可口，而且营养丰富，还具有健身祛病的作用，不过年
糕含的水分少，不容易消化。

　　★ 根据这段话，可以知道年糕：

　　A 不好吃　　　　B 不容易消化　　　C 没有营养　　　D 吃了容易生病

68. 堆雪人是北方孩子才能玩儿到的一种游戏，除了堆雪人，孩子们还可以打
雪仗，所以冬天的时候，孩子们特别喜欢下雪。

　　★ 打雪仗是：

　　A 一种职业　　　B 一种动作　　　　C 一种游戏　　　D 一种工作

69. 最近的一次调查表明，年轻人可去的文化、娱乐场所太少了。除了卡拉
OK、网吧，就只有电影院了。而由于票价太贵，很多情侣也不能经常去，
大家非常不满意。

　　★ 大家不满意的是：

　　A 票价很贵　　　B 娱乐场所太少　　C 电影院不好　　D 卡拉OK太少

70. 珍珠奶茶不仅在口味上讲究，而且还很注重颜色，因此最能吸引年轻的消费者。

★ 根据这句话，可以知道珍珠奶茶：

A 不好喝　　　　　B 颜色重　　　　　C 比较贵　　　　　D 年轻人喜欢

71. 很多人吃饭以后，喜欢马上吃水果，其实这样做对身体并不好，正确的做法是在饭后 2 小时或饭前 1 小时吃水果。

★ 吃水果的正确时间是：

A 任何时间　　　　B 饭前 1 小时　　　C 吃饭以前　　　　D 饭后 1 小时

72. 我非常喜欢我的学生，他们每个人都很可爱，我很高兴能跟他们在一起，并且看着他们一天天地长大。

★ "我"的职业是什么？

A 教师　　　　　　B 学生　　　　　　C 演员　　　　　　D 作家

73. 大熊猫的头大，身体肥胖，尾巴很短，眼睛周围及四肢都是黑色，其余部分为白色。

★ 这句话介绍的是大熊猫的：

A 食物　　　　　　B 生活环境　　　　C 样子　　　　　　D 颜色

74. 一个工作能力很强的领导会让大家尊敬，但是一个性格很和善的领导往往更受员工喜爱。

★ 性格好的领导怎么样？

A 令大家尊敬　　　B 员工喜欢　　　　C 工作能力强　　D 大家讨厌

75. 新鲜的豆浆作为日常健康饮品，有较高的营养价值，对身体很有好处，但一定注意不要空着肚子喝豆浆。

★ 根据这段话，可以知道：

A 要少喝豆浆　　　B 豆浆对身体好　　C 豆浆很贵　　　D 要空肚喝豆浆

76. 周六我和赵先生约好去打高尔夫，本来想早点儿，可是路上堵车了，到球场时，赵先生已经在那里等我了。

　　★ 根据这段话，"我"：

　　A 遇到了堵车　　B 没打球　　　　C 走丢了　　　　D 搬家了

77. 不要把社会上流行的事当成是自己感兴趣的事，虽然很多人喜欢，但它不一定适合你，所以你要仔细地考虑之后，再决定要不要去做。

　　★ 流行的事：

　　A 你感兴趣　　B 很多人喜欢　　C 一定要去做　　D 非常有意思

78. 我们在与别人交往时，要注意一些礼节。比如，在谈话时，不要谈疾病等不愉快的事情，不要询问女士年龄及是否结婚等等。

　　★ 与别人谈话时，可以谈什么内容？

　　A 天气　　　　B 疾病　　　　　C 不愉快的事　　D 女士的年龄

79. 放弃是一种清醒的选择。只有学会放弃那些应该放弃的东西或事情，才会让自己轻松起来；也只有学会放弃，才能远离烦恼，让生活更加美好。

　　★ 根据这句话，怎样才能让生活更美好？

　　A 学会选择　　B 学会放弃　　C 学会沟通　　D 学会理解

80–81.

　　森林里准备举行才艺比赛，比赛前的三个星期，兔子发现自己胖了，就打算减肥。比赛当天，熊猫顺利地打完了太极拳，小鸟唱出了好听的歌曲，最后是兔子的表演，大家都很期待，没想到它跳了不久就晕倒了。原来，兔子由于减肥过度，导致营养不良，需要住院治疗。本来兔子最有希望得到冠军，可现在冠军是小鸟的了。

　　★ 兔子为什么晕倒了？

　　A 太累了　　　B 害怕　　　　　C 兴奋过度　　　D 营养不良

　　★ 谁最后得了冠军？

　　A 熊猫　　　　B 小狗　　　　　C 小鸟　　　　　D 兔子

82–83.

要想让别人尽快与自己从陌生走向熟悉，最后成为朋友，你就要先表现出友好，因为主动的人总是比被动的人容易得到朋友。不要害怕行动，要知道，对方的心理和你一样，希望得到友谊而又有些不好意思。所以如果你先伸出友谊之手，你就已经成功了一半儿了。

★ 这段话讨论的主要内容是什么？

A 交友　　　　B 爱情　　　　C 态度　　　　D 生活

★ 如果你要交朋友，最好怎么做？

A 常打招呼　　B 被动等待　　C 希望得到　　D 先表示友好

84–85.

要想选择好未来的职业，上大学之前就应该做好准备。这时候如果能知道自己的真正兴趣，并且在进入大学时选择与此相关的专业，那么在大学学习期间你就能不断地丰富有关的知识，到大学毕业时，就能够与别人拉开很大一段距离了。

★ 选择职业的前期准备从什么时候开始？

A 大学毕业时　B 进入大学前　C 开始工作后　D 大学快毕业时

★ 如果准备阶段努力丰富自己的知识，毕业时就会：

A 找到工作　　B 吸取教训　　C 超过别人　　D 对工作有兴趣

三、书 写

第一部分

第 86–95 题：完成句子。

例如：那座桥　　800 年的　　历史　　有　　了
　　　　那座桥有 800 年的历史了。　　　　　　　　

86. 请　　这篇课文　　一遍　　读　　把

87. 一个人　　会议室　　里　　走出

88. 是　　丢　　了　　这把钥匙　　谁

89. 买　　他　　想　　去商店　　生日礼物

90. 哥哥　　三岁　　比　　大　　弟弟

91. 了　　比赛　　出来　　吗　　结果

92. 让　　这种　　人　　生活　　向往

93. 派我　　公司　　考察　　去上海

94. 约翰　　了　　被老师　　批评

95. 他　　体育　　不喜欢　　运动

第二部分

第96-100题：看图，用词造句。

例如： 乒乓球 　她很喜欢打乒乓球。

96. 　干净

97. 　茶

98. 　喜欢

99. 　快

100. 　参观

汉语水平考试

HSK（四级）模拟试卷 4

注　　意

一、HSK（四级）分三部分：

    1. 听力（45 题，约 30 分钟）

    2. 阅读（40 题，40 分钟）

    3. 书写（15 题，25 分钟）

二、听力结束后，有 5 分钟填写答题卡。

三、全部考试约 105 分钟（含考生填写个人信息时间 5 分钟）。

一、听　力

第一部分

第 1-10 题：判断对错。

例如：我想去办个信用卡，今天下午你有时间吗？陪我去一趟银行？

　　★ 他打算下午去银行。　　　　　　　　　　　　　　　　（ ✓ ）

　　现在我很少看电视，其中一个原因是，广告太多了，不管什么时间，也不管什么节目，只要你打开电视，总能看到那么多的广告，浪费我的时间。

　　★ 他喜欢看电视广告。　　　　　　　　　　　　　　　　（ ✕ ）

1. ★ "我" 现在是导游。　　　　　　　　　　　　　　　（　　）

2. ★ "我" 妈妈是卖水果的。　　　　　　　　　　　　　（　　）

3. ★ "我" 每天都给她发短信。　　　　　　　　　　　　（　　）

4. ★ "我" 只买便宜的东西。　　　　　　　　　　　　　（　　）

5. ★ 这首曲子不会让人紧张。　　　　　　　　　　　　（　　）

6. ★ 我们要表扬所有的司机师傅。　　　　　　　　　　（　　）

7. ★ 应该先打电话，再去朋友家。　　　　　　　　　　（　　）

8. ★ "我" 常常上网。　　　　　　　　　　　　　　　　（　　）

9. ★ 他们大学同学每年都聚会。　　　　　　　　　　　（　　）

10. ★ "我" 不想要生日礼物。　　　　　　　　　　　　（　　）

第二部分

第 11–25 题：请选出正确答案。

例如：女：该加油了。去机场的路上有加油站吗？

男：有，你放心吧。

问：男的主要是什么意思？

A 去机场　　　　B 快到了　　　　C 油是满的　　　　D 有加油站 ✓

11.　A 病了　　　　B 忘了　　　　C 没复习　　　　D 没起床

12.　A 奇怪　　　　B 高兴　　　　C 埋怨　　　　D 担心

13.　A 285 元　　　　B 250 元　　　　C 350 元　　　　D 400 元

14.　A 音乐不好听　　B 女的声音大　　C 女的很高兴　　D 男的不满意

15.　A 两年　　　　B 10 年　　　　C 10 个月　　　　D 10 多年

16.　A 茶叶　　　　B 钱币　　　　C 帽子　　　　D 字画

17.　A 宿舍　　　　B 厕所　　　　C 咖啡馆　　　　D 图书馆

18.　A 很诚实　　　B 人不好　　　C 不按时上下班　　D 工作认真

19. A 很满意   B 很生气   C 很激动   D 很无奈

20. A 打开空调   B 空调很好   C 外边凉快   D 不用开空调

21. A 上午   B 下午   C 晚上   D 周六

22. A 去长城   B 去故宫   C 去玩儿   D 去机场

23. A 不同意   B 很失望   C 很满意   D 觉得不错

24. A 女的没钱   B 男的不爱旅游

    C 他们想一起去   D 男的去过很多地方

25. A 京剧   B 图画   C 光盘   D 衣服

第 三 部 分

第 26-45 题：请选出正确答案。

例如：男：把这个材料复印 5 份，一会儿拿到会议室发给大家。

　　　女：好的。会议是下午三点吗?

　　　男：改了，三点半，推迟了半个小时。

　　　女：好，602 会议室没变吧?

　　　男：对，没变。

　　　问：会议几点开始?

　　　A 两点　　　　　B 三点　　　　　C 15：30 ✓　　　　D 18：00

26. 　A CA 1346　　B CA 3146　　C CA 6754　　D CA 7654

27. 　A 7：30　　　B 7：50　　　C 8：00　　　D 8：10

28. 　A 司机和乘客　　　　　　　　B 经理和职员

　　　C 服务员和顾客　　　　　　　D 导游和游客

29. 　A 记者　　　B 律师　　　C 医生　　　D 老师

30. 　A 北京　　　B 四川　　　C 上海　　　D 广州

31. 　A 她想借钱　　B 取款机坏了　　C 她要去上课　　D 没有取款机

32. 　A 网上　　　B 超市　　　C 商场　　　D 服装市场

33. 　A 妈妈很生气　　　　　　　　B 王阿姨有女儿

　　　C 小明没有女朋友　　　　　　D 小明很担心

34. 　A 喜欢打鱼　　B 只打三天　　C 爱好太多　　D 做事不坚持

35. 　A 买录音机　　B 买洗衣机　　C 买电冰箱　　D 买电视机

36. A 旅游　　　　　B 看风景　　　　　C 待在家中　　　　　D 去农村游玩

37. A 吃农家饭　　　　　　　　　B 看农村景色

　　C 种菜　　　　　　　　　　D 去农家果园采摘

38. A 汽车　　　　　B 日用品　　　　　C 蔬菜和水果　　　D 服装鞋帽

39. A 车辆增多　　　B 交通较好　　　　C 卫生不好　　　　D 外地人多

40. A 第一次去长城　　　　　　　B 骑车去长城

　　C 能见到老朋友　　　　　　D 看不同的风景

41. A 5 点　　　　　B 6 点　　　　　　C 7 点　　　　　　D 8 点

42. A 书店　　　　　B 教室　　　　　　C 图书馆　　　　　D 阅览室

43. A 习惯了　　　　B 气氛好　　　　　C 很方便　　　　　D 服务热情

44. A 在家里　　　　B 在楼下　　　　　C 在学校　　　　　D 在邻居家

45. A 难过　　　　　B 着急　　　　　　C 无奈　　　　　　D 痛苦

二、阅　读

第一部分

第46–50题：选词填空。

A 之一　　B 坚持　　C 提前　　D 与　　E 快乐　　F 聚会

例如：她每天都（　B　）走路上下班，所以身体一直很不错。

46. 大熊猫是世界上最珍贵的动物（　　　）。

47. 我们经常（　　　），一起聊天儿、吃饭、唱歌，非常开心。

48. 公司要求我们拜访客户之前，要（　　　）跟客户打招呼。

49. 在我们的生活中，每天都会发生很多故事，有的让你（　　　），有的使你悲伤。

50. （　　　）别人交流的时候，要看着对方的眼睛，这是最基本的礼貌。

第 51–55 题：选词填空。

A 交　　B 左右　　C 不像话　　D 回头　　E 温度　　F 礼貌

例如：A：今天真冷啊，好像白天最高（　E　）才 2°C。
　　　B：刚才电视里说明天更冷。

51. A：这个箱子大概得有 50 斤（　　　），你一个人肯定抬不动。
　　 B：没事儿，一会儿我给小刘打个电话，让他帮我一下。

52. A：张东也太（　　　）了，说一点到，两点了还没来。
　　 B：他那个人你还不了解吗？每次聚会都会迟到。

53. A：老师要求我们明天上午必须把论文（　　　）上去。
　　 B：这可怎么办呢？我还没写完呢！

54. A：这次出差换我去了，李勇能高兴吗？
　　 B：你别担心，（　　　）我跟他解释一下，他会理解的。

55. A：安娜怎么这么没有（　　　）呢？进来也不跟我们打个招呼！
　　 B：你别生气，可能她没看见我们。

第二部分

第 56–65 题：排列顺序。

例如：A 可是今天起晚了
      B 平时我骑自行车上下班
      C 所以就打车来公司
                                              B A C

56. A 房东也很实在
    B 郊区的房子很安静
    C 所以我决定租下来   _____

57. A 遇到事情的时候
    B 所以失去了很多机会
    C 他总是很犹豫   _____

58. A 就不去外边玩儿
    B 只要手中有本书
    C 小时候我很爱看书   _____

59. A 我们有责任从小事做起
    B 作为地球村的公民
    C 保护我们的环境   _____

60. A 老师对学生的微笑
    B 它会让学生感到幸福和快乐
    C 是对学生的肯定和欣赏   _____

61. A 到达威尼斯的时候
    B 正好赶上电影节开幕
    C 导游就带着我们四处参观 _____

62. A 就会感到寂寞和孤独
    B 如果生活中没有朋友
    C 也就不会有欢声笑语 _____

63. A 别人都以为他是中国人呢
    B 还会中国功夫
    C 他汉语说得非常流利 _____

64. A 每个人都应该积极帮助别人
    B 自己也会得到快乐
    C 因为你在帮助别人的同时 _____

65. A 今天哈尔滨下起了暴风雪
    B 但人们还是希望能回家过年
    C 这给旅客出行带来一定影响 _____

第三部分

第 66–85 题：请选出正确答案。

例如：她很活泼，说话很有趣，总能给我们带来快乐，我们都很喜欢和她在
一起。

　　★ 她是个什么样的人？

　　A 幽默 √　　　　　B 马虎　　　　　C 骄傲　　　　　D 害羞

66. 生活中，我们习惯于走别人走过的路，认为这样一定不会错。但是，事实
上走别人没走过的路，往往更容易成功。

　　★ 生活的路应该怎样走？

　　A 看别人走　　　B 跟别人一起走　　C 在别人后边走　　D 走不同的路

67. 当一名优秀的记者是我学习的目标，为了实现这个目标，我需要付出更多
的努力。

　　★ 说话人的理想是什么？

　　A 当记者　　　　B 成为好学生　　　C 当商人　　　　D 当老师

68. 电脑和可视电话的出现，又一次拉近了我们跟外面世界的距离，就像大家
都生活在一个地球村里，出差、留学已经不再有那种与亲人分离的痛苦了。

　　★ 电脑和可视电话：

　　A 使人痛苦　　　B 使出差更容易　　C 浪费能源　　　D 对生活有好处

69. 不论是走在大街上，还是待在餐馆里，一听到家乡人的声音我总是很兴
奋。虽然并不认识，也可能一点儿关系都没有，但看到他们，我总感觉非
常亲切。

　　★ 说话人在哪儿？

　　A 在大街上　　　B 在餐馆里　　　C 在外地　　　　D 在家乡

70. 最近社区举行了一个活动，让大家去看交通事故的图片展览。看着那一幅幅让人伤心、难过的图片，很多人都说今后一定要从身边的小事做起，遵守交通秩序，珍爱生命。

★ 这是一次什么样的活动？

　　A 打扫卫生　　　B 摄影展览　　　C 健康教育　　　D 交通意识教育

71. 马路对面的广东菜馆很受欢迎，我经常去。那儿的菜清淡可口，不油腻，价钱也不贵，很适合我们女生。

★ 这家店为什么生意好？

　　A 菜量大　　　　B 环境好　　　　C 有音乐　　　　D 比较便宜

72. 每天早上醒来，能感到自己还有追求，还需要把事情做得更好，那是一件多么值得高兴的事情啊！

★ 值得我们高兴的事情是：

　　A 想做好事　　　B 还有追求　　　C 想多睡觉　　　D 追求女朋友

73. 有些事情看起来很有趣，可是你没有做过，那么它就不是你的兴趣。只有你做过之后，发现自己真的喜欢它，这才是你的兴趣。

★ 这段话主要谈的是什么？

　　A 经历　　　　　B 故事　　　　　C 事情　　　　　D 兴趣

74. 乐观的人把困难看得很轻、很淡，他们永远用一颗积极、快乐的心去面对困难，争取成功。

★ 乐观的人：

　　A 困难少　　　　B 喜欢笑　　　　C 没有烦恼　　　D 不怕困难

75. 现在很多家长不知道孩子喜欢什么，也不了解孩子在想什么，有时甚至没有办法跟他们交流。

★ 父母感到最难做的事是：

　　A 理解孩子　　　B 和孩子沟通　　　C 照顾孩子　　　D 帮助孩子

76. 北京市卫生局昨天通知，将在全市开展食品安全大检查活动，重点检查饭店、街边小吃和超市熟食区的卫生，以保证食品安全。

　　★ 这次大检查要检查什么？

　　A 卫生　　　　　B 交通　　　　　C 安全　　　　　D 设施

77. 高考时我的英语成绩不错，那是因为不考听力。上大学以后，英语老师讲的课我几乎一点儿都听不懂，这种情况让我觉得非常失望。

　　★ 我失望是因为：

　　A 成绩不好　　　B 上课听不懂　　C 不能说话　　　D 不学习听力

78. 以前大学毕业后很容易找到一个稳定的工作，所以很多人把上大学当成改变命运的最好方法。

　　★ 以前上大学的好处是：

　　A 能有好工作　　B 能去城市　　C 能挣很多钱　　D 能提升运气

79. 现在的交通广播节目很不错，新闻、音乐、交通信息等各种内容都有，而且主持人的水平也很高，受到了出租车司机、老年人和孩子们的欢迎。

　　★ 受到出租车司机们欢迎的是：

　　A 主持人　　　　B 广播节目　　　C 新闻　　　　　D 交通信息

80-81.

　　今天去商场购物的时候，发现只有电梯和它旁边的楼梯可以使用，很多写着"安全通道"的大门都锁上了，有的地方甚至还放了很多货物。我很担心，要是发生意外事故人们跑不出去怎么办？

　　★ "安全通道"应该是做什么的？

　　A 卖东西的　　　　　　　　　B 去办公室的路

　　C 通到外边的路　　　　　　　D 发生意外的地方

　　★ 说话人担心什么？

　　A 发生意外　　　B 货物卖不掉　　C 货物没处放　　D 人们跑得慢

82–83.

最近社会上出现了一批"宅男"，整天躲在房间里不是玩儿电脑，就是睡觉，既不出门，也不见朋友，只吃一点儿饼干、方便面等。他们有的是因为失业，有的是根本没找到过工作，所以越来越怕见人，也越来越不愿意见人。这些内向、忧郁的"宅男"的生活方式让他们的父母非常担心。

★ 根据这段话，可知"宅男"的生活：

A 很愉快　　　B 很幸福　　　C 很丰富　　　D 让人担心

★ 为什么会出现"宅男"？

A 他们没有工作　　　　　　B 他们没有朋友

C 他们父母不好　　　　　　D 他们没有钱

84–85.

16年前，美国青年丁大卫来到中国一所郊区小学教书。因为他的课很受老师和学生的喜欢，后来当上了校长。1998年他又去了西部，在兰州的一所大学当教师。现在他在西部的一个县教育局当教育顾问。

★ 丁大卫刚来中国时做什么工作？

A 大学老师　　　B 小学校长　　　C 小学教师　　　D 教育顾问

★ 丁大卫这个人怎么样？

A 很一般　　　B 不太好　　　C 很受欢迎　　　D 马马虎虎

三、书　写

第一部分

第 86–95 题：完成句子。

例如：那座桥　　800 年的　　历史　　有　　了
　　　　那座桥有 800 年的历史了。

86. 从　　八个小时　　下午　　工作　　到　　上午

87. 这学期　　学　　三种语言　　想　　我

88. 他　　刚　　回来　　从北京　　出差

89. 比较快　　南方的　　天气　　变化

90. 按照　　毕业　　学校的　　规定　　我　　暑假

91. 苏杭一带　　口味　　清淡　　人　　的

92. 李教授　　鼓励　　我　　留学　　来中国

93. 请　　这台　　传真机　　把　　送给　　王博士

94. 这件事　　对　　我　　感兴趣　　很

95. 画儿　　客厅　　餐厅里　　和　　都　　挂着

第二部分

第96-100题：看图，用词造句。

例如： 乒乓球 _____她很喜欢打乒乓球。_____

96. 环境

97. 认真

98. 公共汽车

99. 检查

100. 可爱

汉语水平考试

HSK（四级）模拟试卷 5

注　意

一、HSK（四级）分三部分：

    1. 听力（45 题，约 30 分钟）

    2. 阅读（40 题，40 分钟）

    3. 书写（15 题，25 分钟）

二、听力结束后，有 5 分钟填写答题卡。

三、全部考试约 105 分钟（含考生填写个人信息时间 5 分钟）。

一、听　力

第一部分

第1–10题：判断对错。

例如：我想去办个信用卡，今天下午你有时间吗？陪我去一趟银行？

　　　★ 他打算下午去银行。　　　　　　　　　　　　　　　（ √ ）

　　　现在我很少看电视，其中一个原因是，广告太多了，不管什么时间，也不管什么节目，只要你打开电视，总能看到那么多的广告，浪费我的时间。

　　　★ 他喜欢看电视广告。　　　　　　　　　　　　　　　（ × ）

1. 　★ 妈妈的小狗不听话。　　　　　　　　　　　　　　（　　）

2. 　★ 今天是"我"同学的生日。　　　　　　　　　　　（　　）

3. 　★ "我"和朋友约定在汽车站见面。　　　　　　　　（　　）

4. 　★ 人们喜爱小吃是因为吃起来方便。　　　　　　　　（　　）

5. 　★ 春节的时候，火车客运非常繁忙。　　　　　　　　（　　）

6. 　★ "我"的手机坏了，所以很着急。　　　　　　　　（　　）

7. 　★ 目前的污染问题中，城市环境污染最严重。　　　　（　　）

8. 　★ 现在旅游的时间更长了。　　　　　　　　　　　　（　　）

9. 　★ 女士出席正式场合时，最好不要穿裙子。　　　　　（　　）

10. 　★ 年轻人不能跟老人沟通。　　　　　　　　　　　　（　　）

第二部分

第 11-25 题：请选出正确答案。

例如：女：该加油了。去机场的路上有加油站吗？

男：有，你放心吧。

问：男的主要是什么意思？

A 去机场　　　 B 快到了　　　 C 油是满的　　　 D 有加油站 √

11.　 A 下周　　　 B 今天　　　 C 两周后　　　 D 下周末

12.　 A 不爱唱歌　 B 跳舞跳得很好　 C 想打太极拳　 D 喜欢玩儿电脑

13.　 A 复习　　　 B 考试　　　 C 看电影　　　 D 去礼堂

14.　 A 夫妻　　　 B 朋友　　　 C 恋人　　　 D 同事

15.　 A 伤心　　　 B 惊讶　　　 C 后悔　　　 D 生气

16.　 A 换裤子　　 B 退裤子　　 C 买裤子　　　 D 做裤子

17.　 A 旅游的事　 B 感情的事　 C 工作的事　　 D 生意的事

18.　 A 下雨了　　 B 天气晴了　 C 撞车了　　　 D 吵架了

19.   A 游泳   B 爬山   C 跑步   D 购物

20.   A 订票点   B 银行   C 商场   D 火车站

21.   A 想学功夫   B 功夫电影好   C 功夫激烈   D 女孩儿别学功夫

22.   A 简历   B 推荐信   C 毕业证书   D 工作证明

23.   A 打车   B 讲价   C 问路   D 找宾馆

24.   A 唱歌   B 跳舞   C 打太极拳   D 说相声

25.   A 高兴   B 不满   C 悲伤   D 愤怒

第 三 部 分

第 26—45 题：请选出正确答案。

例如：男：把这个材料复印 5 份，一会儿拿到会议室发给大家。

女：好的。会议是下午三点吗？

男：改了，三点半，推迟了半个小时。

女：好，602 会议室没变吧？

男：对，没变。

问：会议几点开始？

A 两点　　　　　B 三点　　　　　C 15：30 √　　　D 18：00

26.　A 秘书　　　　　B 服务员　　　　C 总经理　　　　D 业务经理

27.　A 女的不做饭　　B 小吃不好吃　　C 小吃不卫生　　D 家里东西坏了

28.　A 女的和男的是邻居　　　　　　　B 男的自己住

　　　C 男的想换房间　　　　　　　　D 男的喜欢音乐

29.　A 节目不好　　B 眼睛不好　　　C 身体不好　　　D 广告太多

30.　A 夫妻　　　　B 师生　　　　　C 医生和病人　　D 经理和秘书

31.　A 坐船　　　　B 坐火车　　　　C 坐飞机　　　　D 坐汽车

32.　A 赢了　　　　B 输了　　　　　C 平了　　　　　D 没进球

33.　A 失业了　　　B 不能工作　　　C 没努力　　　　D 没考上研究生

34.　A 要结婚　　　　　　　　　　　　B 明天是情人节

　　　C 今天是情人节　　　　　　　　D 明天是圣诞节

35. A 男的是导游　　　　　　　　B 他们周末见面

　　　C 女的明天有事　　　　　　　D 男的刚来北京

36. A 挣钱　　　　B 有时间　　　　C 爱表现　　　　D 心情不好

37. A 友谊　　　　B 事业　　　　C 爱情　　　　D 写作目的

38. A 家长　　　　B 老师　　　　C 领导　　　　D 大夫

39. A 懂事了　　　B 很诚实　　　C 成绩好　　　D 没礼貌

40. A 电影中　　　B 报纸上　　　C 故事书里　　D 小说中

41. A 价格贵　　　B 质量好　　　C 没人买　　　D 没做广告

42. A 非常礼貌　　B 主人高兴　　C 显得主动　　D 可能带来不便

43. A 迟到一点儿　B 提前两三分钟　C 越早越好　　D 不迟到就行了

44. A 温度　　　　B 香气　　　　C 味道　　　　D 颜色

45. A 怎样喝酒　　B 人很聪明　　C 声音重要　　D 碰杯的原因

二、阅　读

第一部分

第46–50题：选词填空。

A 趟　　B 赶　　C 把　　D 作用　　E 过　　F 坚持

例如：她每天都（ F ）走路上下班，所以身体一直很不错。

46. 刚才小丽打电话来叫我去她家一（　　　），说是有急事找我。

47. 情人节，许多男孩儿都（　　　）红玫瑰当作礼物送给心爱的女孩儿。

48. 你必须在半个小时之内（　　　）到火车站，不然就来不及了。

49. 这种药我吃过，对我的病没有什么（　　　）。

50. 看（　　　）这部小说的人，都会被女主角的坚强勇敢所感动。

第 51–55 题：选词填空。

A 经常　　B 害羞　　C 不要紧　　D 温度　　E 语法　　F 考虑

例如：A：今天真冷啊，好像白天最高（ D ）才 2º C。
　　　B：刚才电视里说明天更冷。

51. A：山本，不好意思，刚才把你的书碰到地上，弄脏了。
　　 B：（　　　），我擦擦就行了。

52. A：老师，我觉得汉语的（　　　）太难了，你说我该怎么办呢？
　　 B：别着急，只要你多学多练，一定会弄懂的。

53. A：你已经是个大小伙子了，怎么还这么（　　　）呢？
　　 B：其实我只是不知道该说什么才好。

54. A：现在这个公司的待遇是不错，可是太累了！（　　　）加班。
　　 B：不行就换个工作吧，不管怎么说身体是最重要的啊！

55. A：我还是希望你能再（　　　）一下，万一赔钱呢？
　　 B：你放心吧，不会的。

第二部分

第 56–65 题：排列顺序。

例如：A 可是今天起晚了

　　　B 平时我骑自行车上下班

　　　C 所以就打车来公司　　　　　　　　　　　　　　　　 B A C

56. A 不会说汉语很不方便

　　 B 于是我开始学习汉语

　　 C 我的生意主要在中国　　　　　　　　　　　　　　 _____

57. A 特别是夏天

　　 B 一年四季都有人来这儿旅游

　　 C 来旅游的人特别多　　　　　　　　　　　　　　　 _____

58. A 一个人只要有了目标

　　 B 那他就一定会成功

　　 C 并坚持为那个目标而奋斗　　　　　　　　　　　 _____

59. A 这段时间他一边收集资料

　　 B 一边写计划

　　 C 都没有时间回家看望父母　　　　　　　　　　　 _____

60. A 它发展得更快

　　 B 京剧特别受大家欢迎

　　 C 因此和其他戏曲比起来　　　　　　　　　　　　 _____

61. A 其他应用仍不太普遍
    B 现在人们上网，最多的是玩儿游戏、聊天儿
    C 其次是查找信息、收发邮件
    _____

62. A 还是从健康的角度看
    B 无论是从味道上看
    C 这道菜都值得点
    _____

63. A 你会发现它们有时比人更聪明
    B 当你了解它们时
    C 千万不要小看动物的智慧
    _____

64. A 它不仅是一种服饰
    B 更代表着一种文化
    C 旗袍是中国女性的传统服饰之一
    _____

65. A 但她依然很年轻
    B 虽然很多年没见面了
    C 这让大家很羡慕
    _____

第三部分

第66–85题：请选出正确答案。

例如：她很活泼，说话很有趣，总能给我们带来快乐，我们都很喜欢和她在
　　　一起。

　　　　★ 她是个什么样的人？

　　　　A 幽默 √　　　　　B 马虎　　　　C 骄傲　　　　D 害羞

66. 那家咖啡店不太大，但非常干净，店里常常放着优美的音乐，散发着咖啡
　　　的香味，我和朋友经常去那儿。

　　　　★ 我和朋友为什么喜欢那家咖啡店？

　　　　A 有香味　　　　B 环境很好　　　C 没有音乐　　　D 咖啡店很大

67. 上飞机前，要先看看你乘坐的航班在哪儿办理登机手续，然后将机票、身
　　　份证交给机场相关负责人员，换登机牌。

　　　　★ 办理登机手续时，要把什么交给机场工作人员？

　　　　A 手机　　　　　B 钱包　　　　C 行李　　　　D 飞机票

68. 近两年，我国每年因车祸死亡的人数超过死亡总数的百分之七十，因此，您
　　　在外出工作、旅行、探亲的时候，一定要遵守交通法规，自觉维护交通秩序。

　　　　★ 根据这句话，我们应该：

　　　　A 爱护环境　　　B 购买保险　　　C 外出旅游　　　D 遵守交通规则

69. 休息的时候我喜欢读一些书，一来这是我的爱好，二来也想充实一下自
　　　己，以免让人觉得自己没有知识。

　　　　★ "我"为什么喜欢读书？

　　　　A 打发时间　　　B 生活需要　　　C "我"的爱好　　D 工作需要

70. 一个人喝醉了，他叫住一辆出租车，对司机说："去新月酒店。"司机觉得很奇怪，回答说："这里就是新月酒店。"那人边掏钱边称赞说："你开得还真快啊！"

★ 根据这段话，我们知道：

A 那个人喝醉了　B 司机开得很快　C 司机骗人　　　D 那人迷路了

71. 李老师在十几年的工作中积累了丰富的教学经验，她的课讲得生动活泼，非常吸引学生，所以我选择去她的班。

★ "我"为什么去李老师的班？

A 同学好　　　　B 老师性格好　　C 老师经验丰富　D 班级干净

72. 最近几天将持续降温，早晨天气比较冷，所以建议您一定要等到太阳出来半小时之后再去锻炼，否则会影响健康。

★ 最好什么时候去锻炼？

A 深夜　　　　　B 中午　　　　　C 晚上　　　　　D 日出半小时后

73. 朋友之间相处，最重要的就是信任。如果你只相信自己，而经常怀疑对方，那你们之间的友谊就会受到影响。

★ 朋友相处不应该：

A 聚会　　　　　B 怀疑　　　　　C 相处　　　　　D 信任

74. 在古代，茶本来是一种药，后来才发展成为饮料。开始时，人们把新鲜的茶叶做成汤喝，后来为了方便保存和运输，才出现了我们今天喝的这样晒干了的茶叶。

★ 根据这段话，茶：

A 味道好　　　　B 不易保存　　　C 原来是药　　　D 非常新鲜

75. 过去，只要能使用电脑或者会一点儿外语，就能找到一份好工作，而现在则不同了，会外语和电脑已经成为必须具备的技能了。

★ 根据这段话，想找到好工作：

A 会外语就行　　　　　　　　　　B 会电脑就行

C 会打字就行　　　　　　　　　　D 必须会外语和电脑

76. 进入 80 年代后，由于电视的普及，看春节联欢晚会成了中国人过春节时不可缺少的一项活动。每年有超过 10 亿人通过电视收看这台晚会。

★ 根据这段话，春节晚会：

A 必须要看　　　　B 不太精彩　　　C 只在电视上播出　　　D 很多人喜欢

77. 小明，你才多大就戴眼镜了？是不是总看电视呀？以后少看一点儿吧！

★ 说话人建议小明应该怎么做？

A 少看电视　　　　B 多看书　　　　C 少戴眼镜　　　　　D 多做运动

78. 水一旦受到污染，就会给人类带来很大的危害。它不仅会影响到人类的生产、生活，还会破坏我们的自然环境。

★ 这段话主要谈的是水污染的：

A 治理　　　　　　B 危害　　　　　C 原因　　　　　　　D 作用

79. 王经理做事认真负责，常常加班到深夜。由于长期过度劳累，他生病住院了。

★ 王经理为什么生病了？

A 过度劳累　　　　B 身体虚弱　　　C 饮食不当　　　　　D 长期失眠

80-81.

我的朋友在公交车上经常丢钱包。有一天，朋友上车前把一些纸折好放进信封里，下车后发现信封被偷了。第二天，朋友刚上车不久，就感觉口袋里有东西。拿出来一看，是昨天的那个信封，信封上写着："请不要开这样的玩笑，影响正常工作，谢谢！"

★ 我的朋友经常丢：

A 纸　　　　　　　B 钱包　　　　　C 信封　　　　　　　D 手机

★ 根据这段话我们知道：

A 朋友丢了信　　　　　　　　B 朋友找到了钱

C 朋友影响了工作　　　　　　D 小偷被骗了

82–83.

年糕是北京比较有名的小吃之一，有黄的金年糕和白的银年糕，并有"年年高"的意思。北京年糕一般在清真小吃店出售，通常在过年、过节的时候卖得较多，平时也有卖的，但数量比较少。

★ 年糕有什么颜色的？

A 棕色　　　　　B 青色　　　　　C 灰色　　　　　D 白色

★ 什么时候年糕卖得比较多？

A 春节　　　　　B 月末　　　　　C 周末　　　　　D 平时

84–85.

爬山的时候，爬得越高，越会觉得冷。这是因为高度每上升1000米，气温就下降6度，山越高，气温就越低。所以许多高山上都有冰雪，不会融化。夏天的时候，一些人会选择到很高的山上去乘凉，也是这个原因。

★ 当高度上升2000米时，气温会：

A 下降6度　　　　B 下降12度　　　C 下降13度　　　D 上升6度

★ 根据这段话，可以知道：

A 爬山很危险　　　B 山顶温度低　　　C 山上都是冰雪　　　D 人们喜欢夏天

三、书　写

第一部分

第 86–95 题：完成句子。

例如：那座桥　　800 年的　　历史　　有　　了

　　　　那座桥有 800 年的历史了。

86. 提醒　　警察　　要注意　　司机朋友　　安全

87. 去　　经常　　锻炼　　姐姐　　那家健身房

88. 王明的画儿　　非常好　　画　　得

89. 下学期　　报名　　还是　　吧　　再

90. 不是　　已经　　吗　　了　　告诉你

91. 把　　这把钥匙　　放到　　服务台　　请

92. 已经三天　　小王　　了　　没上班

93. 这么晚　　来　　怎么　　你　　才

94. 任何困难　　我　　克服　　能

95. 放着　　桌子上　　零钱　　一些

第二部分

第 96–100 题：看图，用词造句。

例如：　　　　　　　乒乓球　　　　她很喜欢打乒乓球。

96.　　　　　　　　回答

97.　　　　　　　　重

98.　　　　　　　　笔记本

99.　　　　　　　　跑步

100.　　　　　　　考试

汉语水平考试

HSK（四级）模拟试卷 *6*

注　意

一、HSK（四级）分三部分：

　　1. 听力（45 题，约 30 分钟）

　　2. 阅读（40 题，40 分钟）

　　3. 书写（15 题，25 分钟）

二、**听力结束后，有 5 分钟填写答题卡。**

三、全部考试约 105 分钟（含考生填写个人信息时间 5 分钟）。

一、听 力

第一部分

第 1–10 题：判断对错。

例如：我想去办个信用卡，今天下午你有时间吗？陪我去一趟银行？

    ★ 他打算下午去银行。   （ √ ）

    现在我很少看电视，其中一个原因是，广告太多了，不管什么时间，也不管什么节目，只要你打开电视，总能看到那么多的广告，浪费我的时间。

    ★ 他喜欢看电视广告。   （ × ）

1. ★ 坚持锻炼就会有好的效果。   （   ）

2. ★ 5 号柜台不能使用信用卡。   （   ）

3. ★ 他正在读研究生。   （   ）

4. ★ 这个留学生的作文写得非常好。   （   ）

5. ★ 他现在有女朋友。   （   ）

6. ★ 同事写错了地址。   （   ）

7. ★ 他一开始忘了开会的时间。   （   ）

8. ★ 他正在考虑卖房子。   （   ）

9. ★ 小王去过这家电影院。   （   ）

10. ★ 这个秘书忘记了关电脑。   （   ）

第二部分

第 11–25 题：请选出正确答案。

例如：女：该加油了。去机场的路上有加油站吗？

男：有，你放心吧。

问：男的主要是什么意思？

A 去机场　　　　B 快到了　　　　C 油是满的　　　　D 有加油站 √

11.　　A 小刘　　　　B 男的　　　　C 女的　　　　D 老刘

12.　　A 工作了　　　B 结婚了　　　C 不想工作　　　D 在念研究生

13.　　A 在家里　　　B 在公司　　　C 在国外　　　D 在机场

14.　　A 5 年　　　　B 10 年　　　C 10 多年　　　D 快 10 年了

15.　　A 不干净　　　B 工作不好　　C 长得不太好　　D 学历不高

16.　　A 路上堵车　　B 不想来了　　C 这地方难找　　D 这地方好找

17.　　A 烤肉　　　　B 烤鸭　　　　C 饺子　　　　D 必胜客

18.　　A 阳光　　　　B 书房　　　　C 不安静　　　　D 周围环境

19.　A 羡慕　　　　B 后悔　　　　C 担心　　　　D 请求

20.　A 聚会　　　　B 散步　　　　C 游泳　　　　D 下象棋

21.　A 忘了密码　　B 受到称赞　　C 想买箱子　　D 打不开抽屉

22.　A 项目　　　　B 哲学　　　　C 工作　　　　D 戏剧

23.　A 一楼　　　　B 三楼　　　　C 四楼　　　　D 二楼电梯的右边

24.　A 女的没时间　B 洗衣店很远　C 洗衣机坏了　D 洗衣间没人

25.　A 不想关　　　B 没关系　　　C 一定关　　　D 等一会儿

第三部分

第 26-45 题：请选出正确答案。

例如：男：把这个材料复印 5 份，一会儿拿到会议室发给大家。

女：好的。会议是下午三点吗？

男：改了，三点半，推迟了半个小时。

女：好，602 会议室没变吧？

男：对，没变。

问：会议几点开始？

A 两点　　　　　B 三点　　　　　C 15：30 √　　　　　D 18：00

26.　A 老同学　　　B 小学老师　　　C 中学老师　　　D 一个亲戚

27.　A 地上　　　　B 桌子上　　　　C 厕所里　　　　D 垃圾桶里

28.　A 商场卖得贵　　　　　　　　B 去商场太累

　　　C 商场里没有　　　　　　　　D 小店卖的质量好

29.　A 加班　　　　B 减肥　　　　　C 洗澡　　　　　D 学习

30.　A 海鲜　　　　B 可乐鸡　　　　C 糖醋鱼　　　　D 啤酒香鸭

31.　A 10 年　　　B 25 年　　　　　C 30 年　　　　　D 50 年

32.　A 生活富了　　B 经济发展了　　C 社会改革了　　D 河水不干净了

33.　A 餐厅　　　　B 书店　　　　　C 博物馆　　　　D 高速公路上

34.　A 明天早上　　B 27 号之前　　　C 7 点以后　　　D 今天晚上

35.　A 有冰　　　　B 有水　　　　　C 有雪　　　　　D 很平

36.　A 热心　　　　B 朴素　　　　　C 习惯　　　　　D 魅力

37. A 遵守纪律　　　B 怀念友谊　　　C 缓解压力　　　D 互相学习

38. A 教练　　　　　B 顾客　　　　　C 领导　　　　　D 农民

39. A 态度好　　　　B 设施全　　　　C 食品多　　　　D 蔬菜新鲜

40. A 要节约　　　　B 很浪费　　　　C 很重要　　　　D 被忽视

41. A 壶里的　　　　B 干净的　　　　C 烧开的　　　　D 价格贵的

42. A 家里　　　　　B 医院　　　　　C 花店　　　　　D 电影院

43. A 移民　　　　　B 结婚　　　　　C 去演出　　　　D 办签证

44. A 律师　　　　　B 警察　　　　　C 演员　　　　　D 教师

45. A 很后悔　　　　B 很感动　　　　C 很严肃　　　　D 很自由

二、阅　读

第一部分

第 46–50 题：选词填空。

A 来自　　　B 顺序　　　C 坚持　　　D 对于　　　E 不断　　　F 属于

例如：她每天都（ C ）走路上下班，所以身体一直很不错。

46. 她（　　　）外向性格，爱唱爱跳，喜欢热闹，不喜欢安静。

47. （　　　）吸烟的危害，虽然大家比较了解，但真正能把烟戒掉的人却不多。

48. 经过大家（　　　）的努力，我们公司终于完成了这个项目。

49. 导游让大家一点在宾馆门口排队，然后按先后（　　　）上车。

50. 这次运动会，有（　　　）一百多个国家的运动员参加。

第 51–55 题：选词填空。

A 任何　　B 占线　　C 安排　　D 忍不住　　E 除非　　F 温度

例如：A：今天真冷啊，好像白天最高（ F ）才 2º C。
　　　B：刚才电视里说明天更冷。

51. A：前几天看的眼镜，你买了吗？
　　 B：（　　　）打折，否则我不会考虑的。

52. A：昨天你怎么醉成那样儿？
　　 B：我们同学聚会，大家玩儿得很高兴，我（　　　）多喝了几杯。

53. A：你给小张打电话了吗？
　　 B：打了，可是他的电话一直（　　　）。

54. A：下午你要是没什么（　　　）就跟我去健身房吧，我有免费的票。
　　 B：真不巧，我得去机场接朋友。

55. A：教练，这次比赛不在我们本地举行，想赢不太容易呀！
　　 B：我觉得只要我们队员团结起来，（　　　）困难都能克服。

第二部分

第 56–65 题：排列顺序。

例如：A 可是今天起晚了
　　　B 平时我骑自行车上下班
　　　C 所以就打车来公司

B A C

56. A 所以我现在感觉很有精神
　　B 为了身体健康
　　C 我天天坚持跑步

57. A 今天我终于来到了她的家乡
　　B 我始终盼望着能够见小平一面
　　C 遗憾的是，她已经搬家了

58. A 无论是公司领导
　　B 都应该按照规定办事
　　C 还是普通员工

59. A 才能选择结婚
　　B 不然就是把婚姻当作了游戏
　　C 两个人只有相互了解

60. A 他们不想要孩子
　　B 因为培养一个孩子需要很多钱
　　C 这主要是由于收入低

61. A 语法更难

    B 发音难，汉字难

    C 一些人认为汉语太难了　　　　　_____

62. A 她一定不会拒绝的

    B 刘阳喜欢参加这样的活动

    C 如果你邀请她　　　　　_____

63. A 凡是来到北京的人

    B 因为它是中国的奇迹

    C 都要去爬长城　　　　　_____

64. A 所以购物的人特别多

    B 付款的地方也排起了长队

    C 因为很多名牌商品打折　　　　　_____

65. A 虽然我给了他一块巧克力

    B 那个孩子一直在哭

    C 但他还是没有停下来　　　　　_____

第 三 部 分

第 66-85 题：请选出正确答案。

例如：她很活泼，说话很有趣，总能给我们带来快乐，我们都很喜欢和她在
　　　一起。

　　　★ 她是个什么样的人？

　　　　A 幽默 √　　　　　B 马虎　　　　　C 骄傲　　　　　D 害羞

66. 现在，很多家长都让孩子假期去参加辅导班，他们认为学习才是孩子应该
　　　做的，这给孩子很大的压力，其实这样对孩子的成长很不好。

　　　★ 现在的孩子：

　　　　A 学习好　　　　B 工作忙　　　　C 身体棒　　　　D 压力大

67. 明年将会流行绿色的服装，因为人们越来越感受到保护环境的重要性，而
　　　绿色可以使人想到美好的环境。

　　　★ 绿色让人懂得：

　　　　A 流行趋势　　　B 保护环境　　　C 适应社会　　　D 自己的爱好

68. "哈佛"理发店，烫个头发的价格让人接受不了，还是去"艺星"理发店
　　　吧，听说弄得也很漂亮，还不贵。

　　　★ 根据这句话，可以知道"哈佛"理发店：

　　　　A 很漂亮　　　　B 价格很贵　　　C 是新开的　　　D 服务质量差

69. 小刚，每当我对生活感到失望的时候，就会想起你对我的鼓励，想起我们
　　　一起参加的比赛，那是多么让人开心的事情。可是现在你却一次又一次地
　　　骗我，让我伤心，再见了……

　　　★ 说话人跟小刚曾经是：

　　　　A 朋友　　　　　B 兄妹　　　　　C 师生　　　　　D 母子

70. 当名人其实是很不容易的。为了事业，他们失去了个人的时间、自由，甚至是爱情。他们没有自己的秘密，因为他们说的话、做的事，时刻都在被别人关注。

　　★ 名人：

　　　A 爱情顺利　　　B 说话痛快　　　C 没有自由　　　D 生活平淡

71. 如果一个人心理健康，那他面对失败的时候就不会一直伤心、失望，而是很快就能从失败中找出原因，继续努力，这样才有获得成功的希望。

　　★ 面对失败不伤心，是因为：

　　　A 心理健康　　　B 没有失败过　　　C 非常自信　　　D 成功很难

72. 梅兰芳先生是中国著名的京剧表演艺术家，他扮演过无数女性角色，在艺术上取得了很高的成就，受到了人们的尊敬和喜爱。

　　★ 梅兰芳先生：

　　　A 唱京剧　　　　B 是女的　　　　C 个子高　　　　D 弹钢琴

73. 现代人工作很忙，朋友之间沟通的时间越来越少。不过没关系，我们可以通过微信"朋友圈"，了解他们的心情以及工作等方面的情况。

　　★ 根据这段话，我们可以怎样知道朋友的情况？

　　　A 打电话　　　　B 写明信片　　　C 看"朋友圈"　　D 写电子邮件

74. 中国人过春节的时候，总要在门上贴一副对联，表示祝福。对联分为上联、下联和横批三个部分。在古代，上联要贴在门的右边，下联要贴在左边。

　　★ 在古代，上联的位置是：

　　　A 右面　　　　　B 左面　　　　　C 屋子里　　　　D 阳台上

75. 有人说，如果和别人保持合适的距离，就可以更好地发现别人的优点，如果走得很近，可能发现的缺点会越来越多。

　　★ 这句话主要是说：

　　　A 办理手续　　　B 发现缺点　　　C 如何道歉　　　D 保持距离

76. 不要因为一句话或一件事，就去判断一个人的好与坏。只有通过长时间的观察，才能得出结论，这时的判断也才能是准确的。

★ 根据这段话，怎样判断一个人？

A 开玩笑　　　B 多观察　　　C 听他解释　　D 举行聚会

77. 第一次见到余静，我就知道她是我一直在寻找的女孩儿。她聪明、开朗，说话的时候总是带着浅浅的微笑，好像能让人忘记所有的烦恼。

★ 根据这段话，可以知道"我"：

A 在发愁　　　B 很内向　　　C 喜欢余静　　D 要涨工资

78. 明天我就去杭州，跟你一起放松放松，去游览西湖，看看传说中的"雷峰塔"，这样你就满意了吧！

★ 根据这段话，可以知道"我"：

A 很调皮　　　B 有同情心　　　C 讨厌冬天　　D 打算去旅游

79. 北京"鸟巢"是2008年第29届奥林匹克运动会的主体育场，开闭幕式也是在这里举行的。场内大约有91000个座位，其中临时座位约11000个。现在"鸟巢"已经正式向游人开放。

★ 这段话主要谈：

A 奥运会　　　B 员工管理　　　C 社会规则　　D "鸟巢"情况

80–81.

有三个人在沙漠里找不到回家的路了。这时，他们遇到了一位神仙，神仙说："我可以满足你们的任何愿望。"第一个人急忙说："请你给我很多很多的钱，然后再把我送到我的家乡。"第二个人说："我还没有结婚，请给我一个漂亮的妻子吧，我要和她一起回到我的城市。"神仙答应了这两个人的要求，他们很快就不见了。剩下的第三个人说："现在只有我一个人了，我觉得很伤心，我希望那两个人能回来陪我。"结果，他的愿望实现了。

★ 这三个人怎么了？

A 很疲劳　　　B 很沉默　　　C 迷路了　　　D 丢了东西

★ 第三个人实现了什么愿望？

A 皮肤变白　　B 回到家乡　　C 成为富人　　D 重新见到那两个人

82–83.

相信自己，就是发现自己的长处；相信自己，我们才能勇敢地尝试，也许会经历失败和错误，但那只是让我们离成功更近一点儿；相信自己，可以让这个世界因为有你而变得更加美丽。

★ 根据这段话，相信自己应该：

A 没有缺点　　　B 改变世界　　　C 远离失败　　　D 敢于去做

★ 这段话主要介绍的是：

A 自信　　　　　B 兴趣　　　　　C 友情　　　　　D 能力

84–85.

猫的性情温顺，聪明活泼，是人类最喜爱的动物之一。它最爱的食物是老鼠和鱼。猫的种类有很多，它们的一般寿命为18—20岁，青春期则在1—2岁之间。10岁的猫基本上就是老年了，这时需要主人更加小心地照料它，这样才能使它长寿。

★ 根据这段话，可以知道猫：

A 不吃肉　　　　B 性格活泼　　　C 容易生病　　　D 寿命很长

★ 主人应该更加小心地照料猫，这时的猫一般在：

A 1—2岁　　　　B 10岁以下　　　C 10岁以上　　　D 18—20岁

三、书 写

第一部分

第 86–95 题：完成句子。

例如：那座桥　　800 年的　　历史　　有　　了
　　　　那座桥有 800 年的历史了。
　　　　————————————————————

86. 他　　才　　赶上　　好不容易　　火车

87. 什么时候　　聚会　　是　　你们　　的

88. 留学　　我们这儿　　手续　　不能　　办理

89. 服务员　　我们　　很热情　　餐厅的　　对

90. 呢　　为什么　　不　　留学　　去英国

91. 写在　　请　　黑板上　　通知　　把

92. 非常值得　　态度　　怀疑　　他的

93. 同时　　请假　　他们　　王老师　　向

94. 偷　　李经理　　被　　刚买的包　　了　　走

95. 从来　　上海　　过　　没去　　他

第二部分

第96–100题：看图，用词造句。

例如： 乒乓球　　　她很喜欢打乒乓球。

96. 表演

97. 生日

98. 钢琴

99. 修理

100. 胖

汉语水平考试

HSK（四级）模拟试卷 7

注　　意

一、HSK（四级）分三部分：

　　1.听力（45题，约30分钟）

　　2.阅读（40题，40分钟）

　　3.书写（15题，25分钟）

二、**听力结束后，有5分钟填写答题卡。**

三、全部考试约105分钟（含考生填写个人信息时间5分钟）。

一、听　力

第一部分

第1-10题：判断对错。

例如：我想去办个信用卡，今天下午你有时间吗？陪我去一趟银行？

　　　★ 他打算下午去银行。　　　　　　　　　　　　　　（ √ ）

现在我很少看电视，其中一个原因是，广告太多了，不管什么时间，也不管什么节目，只要你打开电视，总能看到那么多的广告，浪费我的时间。

　　　★ 他喜欢看电视广告。　　　　　　　　　　　　　　（ × ）

1.　★ "我"把苹果都吃了。　　　　　　　　　　　　　　（ 　 ）

2.　★ 北方公园到了。　　　　　　　　　　　　　　　　（ 　 ）

3.　★ 南方从来不下雪。　　　　　　　　　　　　　　　（ 　 ）

4.　★ 要尽量抽出时间与家人和朋友在一起。　　　　　　（ 　 ）

5.　★ 妈妈今年30多岁。　　　　　　　　　　　　　　　（ 　 ）

6.　★ 下个周末麦克没有活动。　　　　　　　　　　　　（ 　 ）

7.　★ 从网上下载歌曲很方便。　　　　　　　　　　　　（ 　 ）

8.　★ "我"觉得这次考试不太难。　　　　　　　　　　　（ 　 ）

9.　★ "我"是坐出租车回家的。　　　　　　　　　　　　（ 　 ）

10.　★ "我"不会养花儿。　　　　　　　　　　　　　　　（ 　 ）

第 二 部 分

第 11-25 题：请选出正确答案。

例如：女：该加油了。去机场的路上有加油站吗？
　　　男：有，你放心吧。
　　　问：男的主要是什么意思？
　　　A 去机场　　　　B 快到了　　　　C 油是满的　　　　D 有加油站 √

11.　A 水太热　　　B 她要洗衣服　　C 现在不能洗　　D 热水器坏了

12.　A 多了　　　　B 少了　　　　　C 丢了　　　　　D 没有发

13.　A 扫雪　　　　B 上课　　　　　C 吃饭　　　　　D 看病

14.　A 个子　　　　B 学历　　　　　C 长相　　　　　D 能力

15.　A 男的　　　　B 李丽　　　　　C 慧美　　　　　D 麦克

16.　A 很聪明　　　B 比小王笨　　　C 有很多经验　　D 容易相信别人

17.　A 不理解　　　B 很赞成　　　　C 不开心　　　　D 很同意

18.　A 脸红了　　　B 摔倒了　　　　C 被吓着了　　　D 被别人打了

19.　　A 你真有钱　　　B 想看看　　　　C 不确定　　　　D 不相信

20.　　A 爸爸和妈妈　　B 老师和家长　　C 爸爸和女儿　　D 小强和同学

21.　　A 担心　　　　　B 犹豫　　　　　C 反对　　　　　D 支持

22.　　A 宾馆　　　　　B 教室　　　　　C 火车上　　　　D 学生宿舍

23.　　A 欧洲　　　　　B 日本　　　　　C 大使馆　　　　D 公安局

24.　　A 想去酒吧　　　B 想去茶馆　　　C 不想练口语　　D 不想跟留学生去

25.　　A 书店在哪儿　　B 商店在哪儿　　C 教室在哪儿　　D 超市在哪儿

第三部分

第 26–45 题：请选出正确答案。

例如：男：把这个材料复印 5 份，一会儿拿到会议室发给大家。

女：好的。会议是下午三点吗？

男：改了，三点半，推迟了半个小时。

女：好，602 会议室没变吧？

男：对，没变。

问：会议几点开始？

A 两点　　　　　B 三点　　　　　C 15：30 √　　　D 18：00

26. A 8：00　　　　B 8：30　　　　C 8：45　　　　D 9：00

27. A 同学　　　　B 同屋　　　　C 姐弟　　　　D 邻居

28. A 商人　　　　B 老师　　　　C 经理　　　　D 医生

29. A 夫妻　　　　B 母子　　　　C 父女　　　　D 朋友

30. A 不想买机票　　　　　　　　B 已经买了机票

    C 不回去了　　　　　　　　　D 等几天再买机票

31. A 快点儿回去　B 让同屋帮忙　C 让男的回去　D 没什么办法

32. A 钱　　　　　B 花儿　　　　C 钱包　　　　D 项链

33. A 办一张年卡　B 办不办都行　C 不办年卡了　D 忙也要去

34. A 怕下雨　　　B 担心晒黑　　C 怕不健康　　D 觉得自己难看

35. A 送给服务员　B 倒垃圾箱里　C 装在包里　　D 把菜拿回家去

36. A 搬家　　　　B 卖东西　　　C 买衣服　　　D 交换学习用品

37. A 商店里   B 操场上   C 食堂里   D 宿舍楼外

38. A 不吃早餐   B 只吃水果   C 运动   D 多吃蔬菜

39. A 可以减肥   B 容易生病   C 营养丰富   D 对健康有好处

40. A 聪明漂亮   B 家庭幸福   C 没有烦恼   D 让人喜爱

41. A 压力大   B 总得保持笑容

    C 难和记者沟通   D 钱不够

42. A 喜欢看书   B 这条街不漂亮   C 遇到熟人   D 被书店吸引

43. A 一个月后   B 半小时后   C 两个小时后   D 三个小时后

44. A 羡慕   B 激动   C 尴尬   D 得意

45. A 很努力   B 很认真   C 没有得奖   D 参加比赛了

二、阅　读

第一部分

第 46–50 题：选词填空。

A 尽管　　B 所　　C 节约　　D 离　　E 坚持　　F 家具

例如：她每天都（ E ）走路上下班，所以身体一直很不错。

46. 其实我还是挺（　　　）的，不该花的钱我从不乱花。

47. 这套（　　　）是我很久以前就想买的，今天终于可以买回去了。

48. （　　　）考试结束还有十分钟，请同学们抓紧时间答题。

49. 政府计划在两年内再建十（　　　）希望小学。

50. （　　　）这件事我们没有告诉她，她还是知道了。

第 51-55 题：选词填空。

A 恐怕　　B 带　　C 恢复　　D 精彩　　E 温度　　F 往

例如：A：今天真冷啊，好像白天最高（　E　）才 2º C。
　　　B：刚才电视里说明天更冷。

51. A：妈，我去同学家玩儿一会儿。
　　 B：好，下楼的时候顺便把垃圾（　　）下去！

52. A：于飞的胳膊现在怎么样了？
　　 B：他这次摔得可不轻，估计还得过一段时间才能（　　）。

53. A：这么晚了，小王（　　）不能来了。
　　 B：那可怎么办呀？我的资料还在他那儿呢！

54. A：先生，您能不能再（　　）前动一动，我这儿太挤了。
　　 B：不好意思，这车人太多，前边也没地方了。

55. A：昨天的演出太（　　）了，你没看真可惜。
　　 B：没事儿，我还能弄到票。

第二部分

第56-65题：排列顺序。

例如：A 可是今天起晚了

　　　　B 平时我骑自行车上下班

　　　　C 所以就打车来公司　　　　　　　　　　　　　B A C

56. A 如果明天下大雪

　　　B 飞机无法起飞

　　　C 那我就不能去开会了　　　　　　　　　　　　　_____

57. A 知道了我的成绩后

　　　B 给我留下了很深的印象

　　　C 他那兴奋的表情　　　　　　　　　　　　　　　_____

58. A 介绍情况时也很诚恳

　　　B 这让顾客感到非常放心

　　　C 她的服务热情周到　　　　　　　　　　　　　　_____

59. A 要马上送他去医院

　　　B 他看起来病得很厉害

　　　C 否则就耽误了　　　　　　　　　　　　　　　　_____

60. A 所以决心把公益活动做好

　　　B 听了您的精彩讲话

　　　C 我非常感动

61. A 请不要伤心
    B 假如生活中你失败了
    C 因为你会从失败中学到很多东西 _____

62. A 我是一名大学毕业生
    B 为了支援西部教育事业
    C 我一个人来到了西部山区 _____

63. A 所以我们不能只看眼前利益
    B 选择职业是人生的一件大事
    C 而要看以后能否有较大发展 _____

64. A 小明的学习一直都很好
    B 总是考 90 多分
    C 但最近的考试竟然不及格 _____

65. A 即使工资再高，条件再好
    B 也不一定能保证工作热情
    C 做自己不喜欢的工作 _____

第三部分

第 66–85 题：请选出正确答案。

例如：她很活泼，说话很有趣，总能给我们带来快乐，我们都很喜欢和她在
 一起。

　　★ 她是个什么样的人？

　　A 幽默 √　　　　　B 马虎　　　　　C 骄傲　　　　　D 害羞

66. 晓东每天一回家不是看动画片，就是上网玩儿游戏，几乎很少做作业，但
 每次考试都能考到班级前三名，这让爸爸妈妈觉得很奇怪。

　　★ 晓东学习怎么样？

　　A 进不了前三　　B 很骄傲　　　C 很不好　　　D 成绩不错

67. 每个人都希望自己的孩子有良好的生活习惯，但良好的习惯并不是一天两
 天就能养成的，这需要父母从小就严格地要求孩子，并用自己的行动去影
 响他们。

　　★ 下列哪一项不是父母应该做的？

　　A 严格要求　　　B 长时间培养　　C 自己先做好　　D 让孩子自己选择

68. 海南岛属热带海洋性气候，雨水较多，终年鲜花盛开，是中国著名的旅游
 胜地，尤其是冬天，北方游客都喜欢到这里来感受温暖的阳光。

　　★ 这段话主要在谈海南岛：

　　A 很热　　　　B 不太冷　　　C 有鲜花　　　　D 适合旅游

69. 一个人的能力是有限的，无论我们做什么样的工作，都不要认为自己是唯
 一能够做好的人。要知道，把工作分给其他人，这既减小了工作强度，也
 会让自己有时间去做更多的工作。

　　★ 把工作分给别人是为了：

　　A 使工作变少　　B 让自己休息　　C 不让别人休息　　D 减小工作强度

70. 我家附近是一所中学。上课的铃声和学生们的读书声，每天都伴着我，使我对学习有了兴趣，对学校有了很深的感情。

★ 根据这段话，"我"家附近的学校：

A 学生很讨厌　　B 学生很爱学习　　C 使我更爱学习　　D 让我不喜欢学校

71. 今天是星期日，妈妈去单位加班了，家里只有我和爸爸。平时都是妈妈做家务，所以我和爸爸决定搞搞家庭卫生，收拾收拾。

★ "我"和爸爸想要做什么？

A 做饭　　　　　B 去买菜　　　　　C 看电视　　　　　D 打扫卫生

72. 电影《阿凡达》取得了很大成功，其中一个很重要的原因就是它向人们展示了大自然的壮美。为了使观众有身在其中的感觉，它还采用了 3D 技术，观众只要戴上眼镜，就能跟电影中的阿凡达一样来到美丽的大山里。

★ 根据这句话，观众喜欢《阿凡达》的原因是：

A 景色美　　　B 画面清楚　　　C 可以戴眼镜　　　D 电影票便宜

73. 很小的时候，我就有了第一个理想，当一名女警察。现在想一想，当时的我，其实是喜欢女警察们漂亮的警服和她们指挥交通时迷人的动作。

★ 我想当女警察的原因之一是：

A 长得好看　　B 服装漂亮　　　C 身材苗条　　　D 动作很快

74. 有些人大学毕业后选择留在大城市发展。可由于没有钱买房子，只好与同学或者朋友合租房子。他们说这样很好，不仅减少了租房的费用，有时还能在一起聊聊天儿。

★ 这些大学生合租房子的原因是：

A 钱不太多　　B 喜欢聊天儿　　C 不能单独生活　　D 能一起吃饭

75. 电脑修理部的李经理喜欢与顾客沟通。每当有顾客来修电脑，他都积极、热心地为他们讲解电脑使用方面的知识和注意事项。

★ 李经理对待顾客：

A 很热情　　　B 很冷静　　　　C 有知识　　　　D 爱聊天儿

76. 由于家庭条件不好，知识水平又很低，大多数农民进城以后，只能在服务、加工等只要求初等技术的行业工作。

★ 农民工大多在服务、加工等行业工作是由于：

A 没有钱　　　　B 知识很少　　　　C 喜欢自由　　　　D 不想动脑

77. 一天，小明看到同学小刚家有一个非常好看的足球，上面有好多明星的签名，于是他就想学踢足球了。

★ 小明想学踢足球是因为：

A 想当明星　　　B 喜欢运动　　　C 喜欢给人签名　　D 喜欢那个足球

78. 学习外语时要多说、多练，这样才能使自己进步得更快。当别人纠正你的错误时，也不要不好意思，因为每个人都是在改正自己错误的过程中进步的。

★ 这段话主要是说：

A 学习的态度　　B 要相信自己　　C 要纠正错误　　　D 每个人都一样

79. 香滑的炖蛋和双皮奶是澳门非常有名的小吃。无论是夏天还是冬天，店家门口总是有排着队等着品尝的人。

★ 这段话主要说的是：

A 澳门的气候　　B 澳门的小吃　　C 澳门人的习惯　　D 澳门人的传统

80–81.

根据 19 日的天气预报，未来三天，全国大部分地区天气晴好，降雨量较少。新疆西部和东北部分地区有小到中雪，南方有小雨或阵雨。今后 10 天，中东部的大部分地区气温将逐步回升，东北地区最低气温在零下 10—零下 15 度左右，华北等地气温将比去年同期高 1—3 度。

★ 未来三天，哪个地方会下雪？

A 新疆西北部　　　　　　　　B 新疆南部
C 中东部大部分地区　　　　　D 东北一些地方

★ 如果去年这个时候华北地区的最高气温是 15 度，今年就是：

A 16—18 度　　B 12—14 度　　C 15 度　　　　　D 18—21 度

82–83.

大学毕业生选择第一份工作时应该认真考虑，因为这将对他们个人的工作态度和工作习惯产生很大的影响，也可能决定着他们将来事业的发展。如果工作几年后，才发现自己的兴趣爱好不适合这份工作，再想去别的公司，可能会有些晚了。

　　★ 选择第一份工作：

　　　A 很容易　　　　B 要认真考虑　　　C 要看爱好　　　D 难度很大

　　★ 第一份工作对什么没有影响？

　　　A 工作态度　　　B 工作习惯　　　　C 事业发展　　　D 个人专长

84–85.

随着网络的流行，现在出现了很多网络语言，比如，"偷菜去""哥吃的不是面，是寂寞"等，这些语言新鲜、有趣儿，而且有些还说明了一定的道理。所以，人们聊天儿的时候常常喜欢用。

　　★ 这段话主要在谈什么？

　　　A 心情　　　　　B 网络语言　　　　C QQ 聊天儿　　　D 玩儿游戏

　　★ 人们对此有什么看法？

　　　A 比较喜欢　　　B 十分讨厌　　　　C 不满意　　　　D 很生气

三、书　写

第一部分

第 86–95 题：完成句子。

例如：那座桥　　800 年的　　历史　　有　　了
　　　那座桥有 800 年的历史了。
_____

86. 想　　去南方　　你　　工作　　吗

87. 开会　　派张老师　　去上海　　校长

88. 成绩　　的　　让我　　这次　　很高兴

89. 作业　　终于　　我　　做完了　　把

90. 那个孩子　　太　　不　　了　　听话

91. 通知　　写着　　上　　会议　　黑板

92. 你　　不要　　伤心　　了　　就　　太

93. 数到十　　就　　了　　可以开始　　我

94. 我　　就是　　的　　大学老师　　这位

95. 怎么　　呢　　听说过　　没　　我

第二部分

第 96—100 题：看图，用词造句。

例如： 乒乓球 ___她很喜欢打乒乓球。___

96. 爬山

97. 电话

98. 饺子

99. 读

100. 生气

汉语水平考试

HSK（四级）模拟试卷 *8*

注　意

一、HSK（四级）分三部分：

　　1. 听力（45 题，约 30 分钟）

　　2. 阅读（40 题，40 分钟）

　　3. 书写（15 题，25 分钟）

二、**听力结束后，有 5 分钟填写答题卡。**

三、全部考试约 105 分钟（含考生填写个人信息时间 5 分钟）。

一、听 力

第 一 部 分

第 1–10 题：判断对错。

例如：我想去办个信用卡，今天下午你有时间吗？陪我去一趟银行？

    ★ 他打算下午去银行。   (√)

    现在我很少看电视，其中一个原因是，广告太多了，不管什么时间，也不管什么节目，只要你打开电视，总能看到那么多的广告，浪费我的时间。

    ★ 他喜欢看电视广告。   (×)

1. ★ 他在书店。   ( )

2. ★ 朋友让"我"看他的文章。   ( )

3. ★ 中秋节人们要吃月饼。   ( )

4. ★ 王明现在在请客呢。   ( )

5. ★ 刘丽是一名优秀的警察。   ( )

6. ★ "我" 22 号去买飞机票。   ( )

7. ★ 春天不能吃辣的。   ( )

8. ★ "我" 准备去北京旅游。   ( )

9. ★ 猫的平衡能力很好。   ( )

10. ★ 只要锻炼身体就不会感冒。   ( )

第二部分

第 11-25 题：请选出正确答案。

例如：女：该加油了。去机场的路上有加油站吗？
　　　男：有，你放心吧。
　　　问：男的主要是什么意思？
　　　A 去机场　　　B 快到了　　　C 油是满的　　　D 有加油站 √

11.　A 领工资了　　B 受表扬了　　C 当领导了　　D 换工作了

12.　A 想过生日　　B 过完生日了　　C 想买蛋糕　　D 想送男的蛋糕

13.　A 电话　　　　B 电话号码　　C 本子　　　　D 钥匙

14.　A 要开会　　　B 没时间　　　C 不想去接　　D 身体不舒服

15.　A 小明　　　　B 小鸟　　　　C 小弟弟　　　D 小妹妹

16.　A 下个月　　　B 明年　　　　C 不知道　　　D 马上

17.　A 太忙了　　　B 很放松　　　C 忙完了　　　D 该去玩儿玩儿

18.　A 很满意　　　B 不满意　　　C 很轻松　　　D 很紧张

19.　A 小说　　　　　B 动画片　　　　C 动物　　　　　D 植物

20.　A 开会　　　　　B 买衣服　　　　C 看电影　　　　D 上班

21.　A 马路上　　　　B 机场　　　　　C 教室里　　　　D 地铁上

22.　A 两块二　　　　B 12 块　　　　C 十三块二　　　D 13 块

23.　A 游泳　　　　　B 办护照　　　　C 买东西　　　　D 办签证延期

24.　A 女的走了　　　B 男的走了　　　C 阴天了　　　　D 下雨了

25.　A 这里环境不好　　　　　　　　B 这里人太多了

　　　C 这里咖啡太贵了　　　　　　D 这里咖啡不好喝

第三部分

第 26—45 题：请选出正确答案。

例如：男：把这个材料复印 5 份，一会儿拿到会议室发给大家。

女：好的。会议是下午三点吗？

男：改了，三点半，推迟了半个小时。

女：好，602 会议室没变吧？

男：对，没变。

问：会议几点开始？

A 两点   B 三点   C 15：30 √   D 18：00

26. A 学校   B 马路上   C 理发店   D 医院

27. A 看书   B 修电脑   C 吃早饭   D 玩儿游戏

28. A 明天   B 下个星期   C 周末   D 下个月

29. A 考试成绩不好   B 身体不舒服

    C 她的小狗死了   D 没有工作了

30. A 春节   B 圣诞节   C 母亲节   D 新年

31. A 他毕业了   B 他在工作   C 他是老师   D 他是学生

32. A 房子   B 工作   C 学历   D 个子

33. A 在找材料   B 邮箱坏了   C 着急发邮件   D 在找小明

34. A 是新出的   B 都卖完了

    C 不流行了   D 只有一种颜色

35. A 售票员　　　　B 服务员　　　　C 导游　　　　D 教师

36. A 很努力　　　　B 难　　　　C 无奈　　　　D 累

37. A 知识很多　　　B 兴趣很重要　　C 考试延期了　　D 做事很难

38. A 植物　　　　B 画儿　　　　C 书　　　　D 花瓶

39. A 净化空气　　　B 装饰房间　　C 心情愉快　　D 让人烦恼

40. A 小学　　　　B 市场　　　　C 饭店　　　　D 公园

41. A 又脏又乱　　　B 很热闹　　　C 很安静　　　D 环境好了

42. A 知识丰富　　　　　　　　B 经验丰富

　　C 正确的人生态度　　　　D 多次失败

43. A 忘记经验　　　B 积极乐观　　C 反复思考　　D 受失败影响

44. A 书面作业　　　B 口头作业　　C 课后辅导　　D 课外活动

45. A 留作业　　　　　　　　　B 练习表达

　　C 检查口头作业　　　　　D 提高能力

二、阅 读

第一部分

第 46—50 题：选词填空。

A 提　　B 坚持　　C 而且　　D 再　　E 成功　　F 跟

例如：她每天都（ B ）走路上下班，所以身体一直很不错。

46. 这个活动很（　　　），经理对我们非常满意。

47. 她的化妆方法是（　　　）着电视学的，虽然不太专业，但是还是挺漂亮的。

48. 王姐她们家想等儿子大学毕业以后（　　　）搬到南方去。

49. 今天是我第一次讲课，你一定要给我（　　　）点儿建议。

50. 小明喜欢去网吧，这不仅浪费了很多钱，（　　　）也影响了学习成绩。

第 51–55 题：选词填空。

A 绝对　　　B 目标　　　C 单调　　　D 幅　　　E 温度　　　F 对于

例如：A：今天真冷啊，好像白天最高（ E ）才 2°C。
　　　B：刚才电视里说明天更冷。

51. A：（　　　）女人来说，事业重要还是家庭重要呢？
　　 B：关于这个问题，不同的人会有不同的看法。

52. A：这种手机的质量怎么样啊？我以前没见过这个牌子。
　　 B：放心吧，（　　　）没问题。

53. A：客厅里除了几件旧家具，什么也没有，不好看。
　　 B：买两（　　　）画儿挂上不就行了。

54. A：我觉得自己现在的生活太（　　　）了，上班、回家、上网，每天都一样。
　　 B：要不你也来参加我们的俱乐部吧。

55. A：马上就要毕业了，打算找个什么样的工作啊？有（　　　）了吗？
　　 B：别提了，我正为这事发愁呢！

第二部分

第 56-65 题：排列顺序。

例如：A 可是今天起晚了

B 平时我骑自行车上下班

C 所以就打车来公司   B A C

56. A 她从小就想成为一名歌手

B 最后她终于考上了音乐学院

C 经过不断努力   _____

57. A 今天这个愿望终于实现了

B 所以我一直希望能有机会尝一尝

C 听说中国的饺子好吃   _____

58. A 尽管已经不在一起学习了

B 但是我们还是最好的朋友

C 也不经常联系了   _____

59. A 那里气候和景色都不错

B 去年我去过一次昆明

C 有机会我还要去   _____

60. A 所以连续三年被评为优秀学生

B 她学习成绩特别好

C 而且尊敬老师，爱护同学   _____

61. A 7 岁开始学拉小提琴
    B 现在已经是艺术学校的学生了
    C 我大概从 3 岁开始学画画儿　　　_____

62. A 可是号不全了
    B 质量和样子都很好
    C 昨天我看上一件衬衫　　　_____

63. A 老虎是陆地上最强大的动物之一
    B 它的适应能力很强
    C 因此分布很广泛　　　_____

64. A 我要租一套房子
    B 不用太大
    C 但是环境一定要好　　　_____

65. A 中国水资源比较缺乏
    B 这种情况也更加严重了
    C 近年来随着用水量的增加　　　_____

第三部分

第 66–85 题：请选出正确答案。

例如：她很活泼，说话很有趣，总能给我们带来快乐，我们都很喜欢和她在
一起。

    ★ 她是个什么样的人？

    A 幽默 √   B 马虎   C 骄傲   D 害羞

66. 王姐真幸福，丈夫事业成功，儿子又聪明懂事，我要是能有她的一半就满
足了！

    ★ 说话人是什么语气？

    A 失望   B 羡慕   C 得意   D 嫉妒

67. 这儿的景色真好，环境也不错，公共设施还挺全，就是房价有点儿高，我
们买不起。

    ★ 说话人对哪方面不太满意？

    A 环境   B 公共设施   C 条件   D 价格

68. 一个星期以来，我每天只吃苹果，喝矿泉水，不吃饭，就连我最爱吃的冰
激凌也一次没吃，没办法，谁叫我现在这么胖了！

    ★ 根据这段话可以知道什么？

    A "我" 想减肥   B "我" 不爱吃饭

    C "我" 喜欢苹果   D "我" 不想吃冰激凌

69. 一个人能不能在工作中做出成绩，与学历和出身没有关系，重要的是这个
人有没有能力和信心。

    ★ 这句话告诉我们，一个人能力的大小决定着：

    A 学历   B 出身   C 成绩   D 信心

70. 重庆今年要是下一场大雪多好啊！我出生以来就没看见过几场雪。生活在北方的人每年都能看见好几场雪，真羡慕他们！

  ★ 通过这段话，可以知道：

   A "我" 是北方人   B "我" 不喜欢重庆

   C "我" 想看雪   D "我" 要去北方

71. 请大家放心，在比赛中我一定做到：尊重对手，尊重比赛规则，赛出风格，赛出水平，争取得到好成绩。

  ★ 他来这儿的目的是什么？

   A 参加比赛 B 观看比赛 C 锻炼身体 D 主持比赛

72. 吃饭没有规律的人，一般容易感觉累，没有力气，时间长了也会引起营养不良等问题，严重时还会得病。

  ★ 想健康，吃饭就要：

   A 少吃   B 有营养   C 有规律   D 不得病

73. 语言是文化的一部分，并在文化中发挥着相当重要的作用。同时，语言也受到文化的影响。

  ★ 这段话说的是：

   A 文化   B 语言   C 科技   D 语言和文化的关系

74. 大熊猫是一种活泼的动物，喜欢吃竹子。它生活在森林茂盛、温暖湿润的地方，但现在大熊猫的数量却越来越少了。

  ★ 关于大熊猫，没提到的是：

   A 越来越少 B 喜欢吃竹子 C 很活泼 D 成长很快

75. 人要生存就需要呼吸空气，一个成年人每天大约呼吸 2 万多次。因此，被污染了的空气对人体健康有很大的影响，甚至会危害人的生命。

  ★ 这段话谈论的主要内容是什么？

   A 呼吸方法   B 空气的作用

   C 呼吸的重要性   D 空气对人的影响

76. 学习方法是一种快速掌握知识的方法。可能每个人的学习方法都不一样，但是掌握了正确的学习方法却是成功的第一步。

★ 这段话主要谈的是什么？

A 学习时间　　　B 学习态度　　　C 学习效率　　　D 学习方法

77. 仙人掌主要生长在美洲，是人们日常生活中不可缺少的一种特色蔬菜和水果，可以放在锅里煮，或是在火上烤，还有的人用它来酿酒。

★ 根据这句话，可以知道仙人掌：

A 可以煮　　　B 不能吃　　　C 不能做酒　　　D 只生长在美洲

78. 运动可以使身体得到锻炼，也能够减轻人们的心理压力，因此，专家建议人们每天都适当地进行一些运动，比如，慢跑、打羽毛球、游泳等等。

★ 根据这句话，可知运动可以：

A 缓解疼痛　　　B 减少压力　　　C 认识朋友　　　D 赚钱

79. 随着国际文化交流的增多，旗袍已经不仅是中国女性的经典服装，许多外国女明星也开始穿起了旗袍，有的穿出了传统的味道，有的穿出了新的感觉。

★ 根据这句话，下列哪项正确？

A 只有明星穿旗袍　　　　　　B 外国人不穿旗袍

C 旗袍已经国际化　　　　　　D 外国人须穿旗袍

80–81.

进入 21 世纪以来，手机成了人们最常使用的通信设备。目前它的普及率已经非常高，甚至深入到了山区、林场。人们用手机打电话、听音乐、拍照片、上网查资料，不仅提高了工作效率，也丰富了业余生活。

★ 下列哪项不是手机的用途？

A 打电话　　　B 上网　　　C 拍照片　　　D 打印资料

★ 使用手机的好处不包括哪项？

A 去林场的速度快　　　　　　B 方便与外界联系

C 提高工作效率　　　　　　　D 丰富业余生活

82–83.

　　"裸婚"是一个流行词语，也是一种对婚姻的新理解。它是指两个人结婚的时候没有房子，没有车，也不办婚礼，不去旅行。其中有的是因为没有钱，有的工资虽然很高，学历也很高，但是不想给彼此很大的压力。"裸婚"让我们知道：决定婚姻的不是金钱，而是真正的爱情。

　　★ 两个人结婚，真正的原因应该是：

　　　A 房子　　　　　B 爱情　　　　　C 金钱　　　　　D 学历

　　★ 这段话主要介绍：

　　　A 生活方式　　　B 金钱重要　　　C 结婚形式　　　D 幸福生活

84–85.

　　妻子正在厨房里忙着，丈夫在她旁边不停地说："慢些！小心！赶快把鱼翻过来。油是不是太多了？有没有放盐啊？"妻子不满意地说："我知道怎么炒菜！不用你告诉！"丈夫平静地回答道："你当然知道，亲爱的，我只是想让你知道，我在开车时，你在一旁不停地说话，我的感觉如何。"

　　★ 妻子在干什么？

　　　A 做鱼　　　　　B 吃饭　　　　　C 包饺子　　　　D 打扫厨房

　　★ 丈夫想告诉妻子什么道理？

　　　A 要有同情心　　B 习惯很重要　　C 应互相理解　　D 做人要诚实

三、书　写

第一部分

第86–95题：完成句子。

例如：那座桥　　800年的　　历史　　有　　了
　　　　那座桥有800年的历史了。
　　　　——————————————————————

86. 房东　　请　　把　　房租和钥匙　　交给

87. 窗户　　已经　　了　　被我　　擦干净

88. 去　　我们　　吧　　还是　　坐火车

89. 空调　　买　　怎么样　　你　　的

90. 很美　　海南岛　　一年四季　　都

91. 一　　他　　想睡觉　　就　　上课

92. 看病的　　非常多　　人　　医院里

93. 非常详细　　做　　你　　的　　计划

94. 不是　　你们　　准备好　　吗　　已经　　了

95. 条件　　很好　　提供　　学校　　给我们　　的

第二部分

第 96–100 题：看图，用词造句。

例如：　　　　　　　　乒乓球　　　　她很喜欢打乒乓球。

96.　　　　　　　　　见面

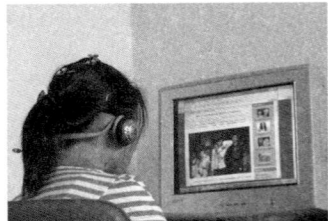

97.　　　　　　　　　电脑

98.　　　　　　　　　雨

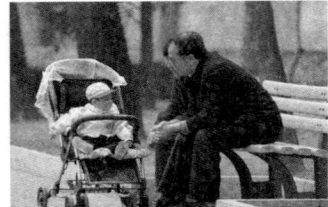

99.　　　　　　　　　照顾

100.　　　　　　　　　高兴

汉语水平考试

HSK（四级）模拟试卷 *9*

注　意

一、HSK（四级）分三部分：

    1.听力（45题，约30分钟）

    2.阅读（40题，40分钟）

    3.书写（15题，25分钟）

二、**听力结束后，有5分钟填写答题卡。**

三、**全部考试约105分钟（含考生填写个人信息时间5分钟）。**

一、听　力

第一部分

第1-10题：判断对错。

例如：我想去办个信用卡，今天下午你有时间吗？陪我去一趟银行？

　　　★ 他打算下午去银行。　　　　　　　　　　　　　　　（ √ ）

　　现在我很少看电视，其中一个原因是，广告太多了，不管什么时间，也不管什么节目，只要你打开电视，总能看到那么多的广告，浪费我的时间。

　　　★ 他喜欢看电视广告。　　　　　　　　　　　　　　　（ × ）

1.　★ 小张喜欢坐火车出差。　　　　　　　　　　　　　　　（　　）

2.　★ 他们下午要去打篮球。　　　　　　　　　　　　　　　（　　）

3.　★ 心情不好的时候可以出去散步。　　　　　　　　　　　（　　）

4.　★ 飞机已经起飞了。　　　　　　　　　　　　　　　　　（　　）

5.　★ "我"下午不去奶奶家。　　　　　　　　　　　　　　　（　　）

6.　★ 他已经写完作业了。　　　　　　　　　　　　　　　　（　　）

7.　★ 今天风很大。　　　　　　　　　　　　　　　　　　　（　　）

8.　★ "我"已经办了电影院的会员卡。　　　　　　　　　　　（　　）

9.　★ 下午"我"和小王一起去修手机。　　　　　　　　　　　（　　）

10.　★ 这种饮料是新出的。　　　　　　　　　　　　　　　　（　　）

第二部分

第 11-25 题：请选出正确答案。

例如：女：该加油了。去机场的路上有加油站吗？

男：有，你放心吧。

问：男的主要是什么意思？

A 去机场　　　B 快到了　　　C 油是满的　　　D 有加油站 √

11.　A 门坏了　　　B 迷路了　　　C 证件丢了　　　D 忘带门卡了

12.　A 性别　　　B 签字　　　C 名字　　　D 电话号码

13.　A 家里　　　B 车上　　　C 商店　　　D 电影院

14.　A 火车站　　　B 飞机场　　　C 商店　　　D 图书馆

15.　A 北方凉快　　　B 跟去年一样　　　C 北方更热　　　D 南方更热

16.　A 不运动　　　B 生病了　　　C 工作轻松　　　D 有人照顾

17.　A 两个小时　　　B 一个半小时　　　C 一个小时　　　D 两个半小时

18.　A 不想给　　　B 太早了　　　C 忘记了　　　D 给过了

19. A 支持 B 兴奋 C 羡慕 D 吃惊

20. A 交通 B 环境 C 价格 D 大小

21. A 喝酒了 B 睡觉少 C 总化妆 D 年龄大了

22. A 银行 B 车站 C 学校 D 公司

23. A 早上 B 中午 C 下午 D 晚上

24. A 高兴 B 兴奋 C 失望 D 得意

25. A 书店 B 汉字 C 作业 D 买词典

第 三 部 分

第 26–45 题：请选出正确答案。

例如：男：把这个材料复印 5 份，一会儿拿到会议室发给大家。

女：好的。会议是下午三点吗？

男：改了，三点半，推迟了半个小时。

女：好，602 会议室没变吧？

男：对，没变。

问：会议几点开始？

A 两点　　　　　B 三点　　　　　C 15：30 √　　　D 18：00

26. A 学校　　　　　B 家里　　　　　C 医院　　　　　D 公司

27. A 烧水　　　　　B 吃饺子　　　　C 包饺子　　　　D 煮饺子

28. A 写好开头　　　B 付出努力　　　C 整理材料　　　D 有自己想法

29. A 门口　　　　　B 中间　　　　　C 窗边　　　　　D 最里边

30. A 8 元　　　　　B 2 元　　　　　C 10 元　　　　　D 16 元

31. A 桌子上　　　　B 椅子上　　　　C 沙发上　　　　D 书架上

32. A 太热了　　　　B 下雪了　　　　C 要工作　　　　D 身体不舒服

33. A 旅游　　　　　B 照相　　　　　C 生命力　　　　D 变化

34. A 等的时间太长了　B 要结婚了　　　C 太高兴了　　　D 没当上经理

35. A 商场　　　　　B 饭店　　　　　C 书店　　　　　D 教室

36. A 同事　　　　　B 老师　　　　　C 经理　　　　　D 同学

37. A 让人满意　　　B 还要走路　　　C 不够认真　　　D 还要努力

38.　A 很累　　　　　B 很高兴　　　　C 很担心　　　　D 很得意

39.　A 不放假了　　　B 补课多了　　　C 作业少了　　　D 不上课了

40.　A 是俄罗斯人　　B 离开中国了　　C 在学习汉语　　D 来中国两年了

41.　A 早上学习　　　B 课前预习　　　C 课后复习　　　D 多跟中国人交流

42.　A 一年　　　　　B 两年　　　　　C 三年　　　　　D 四年

43.　A 北京　　　　　B 上海　　　　　C 辽宁　　　　　D 天津

44.　A 星期三　　　　B 星期五　　　　C 星期六　　　　D 星期日

45.　A 难读　　　　　B 难写　　　　　C 难看　　　　　D 不经常使用

二、阅　读

第一部分

第46–50题：选词填空。

　　　A 准时　　　B 坚持　　　C 自信　　　D 害羞　　　E 符合　　　F 道歉

例如：她每天都（ B ）走路上下班，所以身体一直很不错。

46. 她今天表演得很好，跳舞时非常有（　　　）。

47. 因为小李昨天的作业不（　　　）老师的要求，所以今天必须重新写。

48. 他从小就很（　　　），一和女生说话脸就红。

49. 玛丽上班一直很（　　　），从来不会迟到。

50. 昨天王志对他女朋友发脾气了，现在去向她（　　　）。

第 51-55 题：选词填空。

A 由于　　　B 尊重　　　C 严重　　　D 小吃　　　E 区别　　　F 温度

例如：A：今天真冷啊，好像白天最高（ F ）才 2℃。
　　　B：刚才电视里说明天更冷。

51. A：你能告诉我这两台电脑有什么（　　　）吗？
　　　B：很抱歉，我不太懂电脑。

52. A：听说小王病了，现在怎么样了？
　　　B：不用担心，他病得不（　　　）。

53. A：你的小学老师是位非常善良的人。
　　　B：是啊，我一直都很（　　　）她。

54. A：（　　　）今天天气不好，校长坐的飞机不能按时起飞。
　　　B：好的，我告诉王老师一声。

55. A：你为什么这么喜欢四川？
　　　B：因为那里有特别多我喜欢吃的（　　　）！

第二部分

第 56—65 题：排列顺序。

例如：A 可是今天起晚了

　　　B 平时我骑自行车上下班

　　　C 所以就打车来公司　　　　　　　　　　　　　B A C

56. A 我听说王明家不太好找

　　 B 我还是坐出租车吧，因为我怕迷路

　　 C 要换三次公共汽车，还要再走一段路　　　　　_____

57. A 你还要考虑学什么专业以后好找工作

　　 B 选择专业是非常重要的

　　 C 你必须先想想自己的兴趣爱好　　　　　　　　_____

58. A 更不要希望父母能一直保护我们

　　 B 到了十八岁以后，我们就应该慢慢学着长大

　　 C 不要总觉得自己年纪还小　　　　　　　　　　_____

59. A 孩子学习不好不一定是因为他们笨

　　 B 也可能是因为小孩子平时太粗心、太马虎

　　 C 可能是因为父母教育的方法不对　　　　　　　_____

60. A 心情不好时，买东西可以减轻压力，放松自己

　　 B 心情好的时候买东西可以让心情更愉快

　　 C 我心情好或者不好的时候都喜欢购物　　　　　_____

61. A 如果你只是想稍微运动一下，可以去散步
    B 但如果你想出汗，打羽毛球、跑步就是很好的选择了
    C 锻炼身体的方法有很多   _____

62. A 生气对身体很不好
    B 然后想一想问题是怎么产生的，该怎么解决
    C 遇到这种情况，你必须先冷静下来   _____

63. A 可是他那边总是占线
    B 我今天很想给老同学打个电话
    C 不知道他在和谁联系呢   _____

64. A 辛苦了这么多年我们终于硕士毕业了，我想马上去找工作
    B 可是李华还要读博士
    C 她说她觉得这样才是成功的   _____

65. A 可是老师说那只是长城的一小部分
    B 今天上课老师向我们介绍中国的长城
    C 我告诉老师我去过北京的长城   _____

第 三 部 分

第 66–85 题：请选出正确答案。

例如：她很活泼，说话很有趣，总能给我们带来快乐，我们都很喜欢和她在
一起。

    ★ 她是个什么样的人？

    A 幽默 √   B 马虎   C 骄傲   D 害羞

66. 我以前最喜欢吃米饭了，但是后来报纸上说多吃米饭对减肥没有好处，所
以现在我尽量吃面条儿、包子之类的东西。

    ★ 她现在很少吃什么？

    A 包子   B 米饭   C 饺子   D 面条儿

67. 小王下个月要结婚了，我们是多年的老朋友了，怎么也得表示一下，这真
是个难题，选什么才好呢？

    ★ 他要做什么？

    A 祝贺朋友   B 参加婚礼   C 送朋友礼物   D 说明一下

68. 大家都不用担心，尽管做好准备。阴也好，晴也好，比赛都将按原计划在
9 月 16 日举行，不会有什么变化。

    ★ 从这句话我们可以知道：

    A 比赛时间   B 明天晴   C 明天阴   D 比赛有变化

69. 刚才我上网查了飞机票的票价，如果你不想花太多钱，就不要选择在暑
假、寒假或者十一期间去。

    ★ 买什么时候的飞机票会便宜？

    A 寒假   B 暑假   C 十一期间   D 三、四月份

70. 青年人必须有适应社会实际需要的能力，他们必须有丰富的专业知识，必须有良好的人际关系，最关键的是必须有积极向上的思想追求。

　　★ 现在的青年人最重要的是拥有什么？

　　A 专业知识　　　B 适应能力　　　C 人际关系　　　D 思想追求

71. 我们公司去年完成了 80 万的工作任务，不过没有达到要求，只完成了原计划的百分之八十，今年年初必须赶快完成任务。

　　★ 公司实际计划完成多少任务？

　　A 60 万　　　　B 80 万　　　　C 100 万　　　　D 120 万

72. 我经常去一家小吃店吃饭，因为我觉得他们家的饭菜既干净又好吃，但是前几天我觉得味道变了，于是问老板盐是不是放多了，原来他们家刚换了厨师。

　　★ 前几天这家小吃店的饭菜怎么了？

　　A 更酸了　　　　B 更甜了　　　　C 更辣了　　　　D 更咸了

73. 同学准备来中国旅游，他打算去北京、上海、广州等城市，但是最近大城市污染太严重，我建议他去南方一些小城市走走。

　　★ 他可能建议同学去哪儿？

　　A 扬州　　　　B 北京　　　　C 上海　　　　D 广州

74. 小刚以前又懒又让人讨厌，上了大学以后可真是变化很大，不仅得到了硕士学位，人也变帅了，最让人羡慕的是他现在成了一名成功的律师。

　　★ 小刚最让人羡慕的是什么？

　　A 人长得帅　　　B 成了律师　　　C 得到硕士学位　　　D 性格变好了

75. 遇到不会做的阅读题不要马上看书后的答案，要通过自己的思考慢慢找到正确的答案，思考是个非常重要的过程。

　　★ 遇到不会做的阅读题应该怎么样？

　　A 马上看答案　　B 先思考　　　C 问家长　　　　D 问老师

76. 王芳告诉我不要总是相信商店的打折活动，他们往往先把商品的价格提高很多，再打折，实际上一点儿也不便宜，甚至还贵了。

    ★ 有些商店怎么打折？

      A 涨价后打折   B 在原价上打折

      C 减价后打折   D 半价以后打折

77. 你来应聘怎么忘了带毕业证？你今天就是填了表格也不能面试，明天再来吧。

    ★ 他为什么不能面试？

      A 没填表格   B 没带毕业证   C 没带照片   D 没带身份证

78. 刚工作的时候，李丽很不适应，因为和客人出去吃饭总要干杯，还要说很多祝福的话，她很害羞，总是红着脸什么也说不出来。

    ★ 李丽为什么不适应？

      A 要吃饭   B 要喝酒   C 有很多工作   D 没时间回家

79. 小红交了一个小她五岁的男朋友，所以无论如何，妈妈都不让她出去。

    ★ 小红妈妈对她交的这个男朋友是什么态度？

      A 支持   B 同意   C 无所谓   D 反对

80–81.

    骑自行车有很多好处：骑自行车上班不用担心堵车，上班不会迟到；骑自行车也可以减少空气污染，保护我们的环境。最重要的是骑自行车能够锻炼身体，使自己的身体更健康。

    ★ 骑自行车有几个好处？

      A 一个   B 两个   C 三个   D 四个

    ★ 骑自行车最大的好处是什么？

      A 不堵车   B 不迟到   C 锻炼身体   D 保护环境

82–83.

现在有很多年轻人不找工作，只是吃父母的，穿父母的。造成这种情况有几个原因，有人认为是社会的责任，有人认为是父母的失败，但我认为主要原因还是在于年轻人总觉得父母会一直保护他们，所以自己不努力，不找工作，只待在家里。

★ 现在有很多年轻人：

A 努力找工作　　　B 不找工作　　C 工作努力　　　　D 工作不努力

★ 作者认为主要是谁造成这种情况的？

A 社会　　　　　　B 父母　　　　C 单位　　　　　　D 年轻人自己

84–85.

到底一个家庭有几个孩子才是最理想的呢？有人说多点儿好，有两个、三个、四个孩子或者更多多好啊，这样他们就可以一起玩儿，不会觉得无聊了。但是在中国，人们工作压力大，经济压力也不小，父母没有太多的时间照顾更多的孩子，这些原因都让中国父母觉得生一个孩子是最理想的。

★ 现在，中国父母认为一个家庭有几个孩子是最理想的？

A 一个　　　　　　B 两个　　　　C 三个　　　　　　D 四个

★ 关于中国父母，哪项文中没有提到？

A 经济压力大　　　B 有理想　　　C 工作压力大　　D 一个孩子最好

三、书　写

第一部分

第 86–95 题：完成句子。

例如：那座桥　　800 年的　　历史　　有　　了
　　　那座桥有 800 年的历史了。

86. 必须要　　儿童的　　家长　　安全问题　　注意

87. 是一件　　头疼的　　很　　事情　　堵车

88. 遇到　　时候　　得冷静　　千万　　麻烦的

89. 小刘　　所有的时间　　把　　学习上　　用在

90. 免费的　　没有　　午餐　　世界上

91. 心情不好　　理解的　　是　　王主任　　可以

92. 这个问题　　重视　　起来　　被　　应该

93. 广播电视　　影响　　对孩子　　有　　一定的

94. 年龄　　请按照　　顺序　　从小到大的　　站好

95. 是　　长时间　　需要　　坚持的　　减肥

第二部分

第 96–100 题：看图，用词造句。

例如： 乒乓球 她很喜欢打乒乓球。

96.  愉快

97. 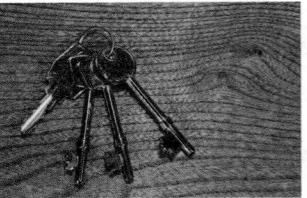 钥匙

98.  麻烦

99.  感谢

100. 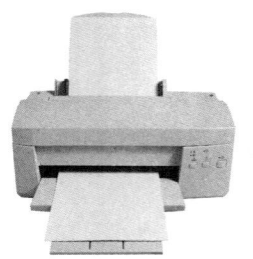 打印

汉语水平考试

HSK（四级）模拟试卷 *10*

注　　意

一、HSK（四级）分三部分：

    1.听力（45题，约30分钟）

    2.阅读（40题，40分钟）

    3.书写（15题，25分钟）

二、**听力结束后，有5分钟填写答题卡。**

三、全部考试约105分钟（含考生填写个人信息时间5分钟）。

一、听 力

第一部分

第1–10题：判断对错。

例如：我想去办个信用卡，今天下午你有时间吗？陪我去一趟银行？

    ★ 他打算下午去银行。   （ √ ）

现在我很少看电视，其中一个原因是，广告太多了，不管什么时间，也不管什么节目，只要你打开电视，总能看到那么多的广告，浪费我的时间。

    ★ 他喜欢看电视广告。   （ × ）

1. ★ 年轻人愿意跟旅游团一起旅行。   （　）

2. ★ 这家商店的衣服不打折。   （　）

3. ★ 在办公室工作的人身体好。   （　）

4. ★ 锻炼身体会让心情变好。   （　）

5. ★ 上网买衣服不方便。   （　）

6. ★ 王明上次带护照了。   （　）

7. ★ 男的想要东边的房间。   （　）

8. ★ 别人喜欢你的缺点。   （　）

9. ★ 司机正在抽烟。   （　）

10. ★ 住在高楼里的人最害怕停电。   （　）

第二部分

第 11-25 题：请选出正确答案。

例如：女：该加油了。去机场的路上有加油站吗？

男：有，你放心吧。

问：男的主要是什么意思？

A 去机场　　　B 快到了　　　C 油是满的　　　D 有加油站 √

11.　A 研讨会的时间　　　　　　　B 研讨会的地点

C 研讨会的内容　　　　　　　D 男的参不参加

12.　A 男的来晚了　　B 男的来早了　　C 电影没开始　　D 电影开始了

13.　A 打扰周围的人　B 把声音关小　　C 提醒男的　　　D 睡觉

14.　A 太累　　　　　B 工作压力太大　C 头疼　　　　　D 病得很严重

15.　A 塑料袋很旧　　B 塑料袋免费　　C 塑料袋很新　　D 省钱

16.　A 马路太窄　　　B 马路太少　　　C 车太少　　　　D 车太多

17.　A 去超市　　　　B 做饭　　　　　C 买饼干　　　　D 寄东西

18.　A 行李很多　　　B 东西拿不动　　C 下午去机场　　D 不让女的来接

19.   A 在餐厅工作   B 在看报纸   C 很一般   D 是一位作家

20.   A 女的见过   B 脾气好   C 很漂亮   D 总不高兴

21.   A 过一会儿   B 前天   C 在海边时   D 跑步时

22.   A 医生和病人   B 妻子和丈夫   C 老师和学生   D 服务员和客人

23.   A 要去应聘   B 现在工作不忙   C 不想工作   D 有新工作了

24.   A 买洗衣机   B 别买洗衣机   C 先了解再买   D 洗衣服

25.   A 很感动   B 很快乐   C 很浪漫   D 很精彩

第三部分

第 26–45 题：请选出正确答案。

例如：男：把这个材料复印 5 份，一会儿拿到会议室发给大家。

女：好的。会议是下午三点吗？

男：改了，三点半，推迟了半个小时。

女：好，602 会议室没变吧？

男：对，没变。

问：会议几点开始？

A 两点　　　　　　B 三点　　　　　　C 15：30 √　　　　D 18：00

26. A 味道一般　　　B 服务不错　　　C 人太多　　　　D 环境一般

27. A 去工作　　　　B 去访问　　　　C 去留学　　　　D 去联系学校

28. A 很合适　　　　B 有点儿瘦　　　C 袖子有点儿长　D 有点儿贵

29. A 地铁站　　　　B 动物园　　　　C 超市　　　　　D 公园

30. A 要去吃早饭　　B 正在排队　　　C 要去吃午饭　　D 现在很饿

31. A 喝热水了　　　B 不用吃药了　　C 住院了　　　　D 感冒了

32. A 个子高　　　　B 眼睛大　　　　C 站在中间　　　D 站在左边

33. A 现在住这儿　　　　　　　　　　B 在这儿出生

    C 觉得这儿变化大　　　　　　　　D 现在不住这儿

34. A 办公室电话坏了　　　　　　　　B 男的手机坏了

    C 办公室没有人　　　　　　　　　D 女的不接电话

35. A 商场　　　　　B 咖啡厅　　　　C 餐厅　　　　　D 家里

36. A 免费网络   B 环境   C 服务   D 餐厅

37. A 改善环境   B 改变服务   C 影响生活   D 方便就餐

38. A 很聪明   B 很漂亮   C 很认真   D 愿意帮助别人

39. A 态度决定一切   B 优秀的人   C 聪明的人   D 耐心的人

40. A 点便宜的菜   B 点适量的菜   C 点很贵的菜   D 点很多菜

41. A 要有诚意   B 不要浪费   C 要少吃饭   D 不要打包

42. A 很快乐   B 压力很大   C 很冷静   D 很吸引人

43. A 让大家注意   B 让大家喜欢工作

     C 让大家冷静   D 让大家快乐

44. A 锻炼身体   B 学习   C 工作   D 安排时间

45. A 蛋糕   B 空气   C 午饭   D 书

二、阅 读

第一部分

第 46–50 题：选词填空。

A 印象　　B 得到　　C 质量　　D 打扰　　E 占线　　F 坚持

例如：她每天都（　F　）走路上下班，所以身体一直很不错。

46. 对不起，（　　　）一下，请问，中国银行怎么走？

47. 她今天的精彩表演给大家留下了很好的（　　　）。

48. 这件衣服的颜色、样式都很合适，就是（　　　）不太好。

49. 那家公司生产的巧克力（　　　）很多人的好评。

50. 我打了一个上午电话了，总是（　　　）。

第 51-55 题：选词填空。

A 温度　　B 偶尔　　C 可惜　　D 能力　　E 解释　　F 只要

例如：A：今天真冷啊，好像白天最高（　A　）才 2℃。
　　　B：刚才电视里说明天更冷。

51. A：你常常来这儿喝茶吗？
　　 B：不常来，（　　　）会跟同事们来一次。

52. A：他差两分就通过考试了，真（　　　）！
　　 B：没关系，下次继续努力。

53. A：老师，您能给我（　　　）一下这个汉字的意思吗？
　　 B：哪个？让我看看。

54. A：明天就要去面试了，我有点儿担心。
　　 B：别担心，要相信自己的（　　　）。

55. A：老师，这次考试难吗？
　　 B：不难，（　　　）你认真复习，就一定能考好。

第 二 部 分

第 56–65 题：排列顺序。

例如：A 可是今天起晚了

B 平时我骑自行车上下班

C 所以就打车来公司

B A C

56. A 一方面需要记住生词和语法

B 学好一门外语并不难

C 另一方面需要多听多说

_____

57. A 现在的年轻人不重视运动

B 而且每天长时间对着电脑

C 结果影响了身体的健康

_____

58. A 不能总靠朋友

B 成长是每个人自己必须完成的任务

C 更不能总想着依赖父母

_____

59. A 人太多也是重要的原因

B 找工作难是现代社会的普遍现象

C 工作机会少是原因之一

_____

60. A 有些困难会让你暂时感到很难过

B 但过一段时间以后你会发现

C 其实你获得了更大的幸福

_____

61. A 我本来是想下了班马上回家的

    B 于是就回来晚了

    C 可是下班之前经理突然让我发一个传真 _____

62. A 有些人总是能发现生活中的快乐

    B 这两种人的心情是完全不同的

    C 还有一些人总喜欢回忆一些难过的事 _____

63. A 我有一个男同学，从小就想成为老师

    B 由于种种原因，最后没能当老师

    C 所以他决定一定要找一个当老师的做妻子 _____

64. A 在原有的基础上，加入了一些广告内容

    B 张经理，根据您的要求

    C 我把这篇报道稍微改了一下 _____

65. A 只有周末才有时间跟家人在一起

    B 他平时每天都要在公司上班

    C 下了班还要忙着学英语 _____

第三部分

第66–85题：请选出正确答案。

例如：她很活泼，说话很有趣，总能给我们带来快乐，我们都很喜欢和她在一起。

★ 她是个什么样的人？

A 幽默 √   B 马虎   C 骄傲   D 害羞

66. 不要总把"累""烦"挂在嘴边，因为人的心情会受语言的影响，如果你总说不开心的话，你很难让自己开心起来。

★ 应该常常说什么？

A 累   B 烦   C 开心的话   D 不开心的话

67. 我非常喜欢这本杂志，因为它的内容丰富，很有时代特点。最主要的是，里面有很多文学作品，对我提高汉语水平有很大帮助。

★ "我"喜欢这本杂志的最主要原因是：

A 内容丰富   B 有时代特点

C 免费   D 有很多文学作品

68. 当我不开心的时候，喜欢一个人坐在房间里，听音乐、看书，或者上网看一些有意思的电影。而我朋友正好相反，她喜欢跟一大群人在一起，大家一起喝酒、唱歌、聊天儿。

★ 朋友不开心的时候会怎么样？

A 跟大家在一起 B 自己一个人 C 看电影   D 听音乐

69. 这种香水很受女士们欢迎，不仅因为它的味道闻起来很香，还因为它的瓶子很漂亮，很多女士买香水其实是为了买香水瓶。

★ 关于这种香水，下列哪项不对？

A 很香   B 免费   C 瓶子很漂亮 D 女士很喜欢

70. 北方的秋天是一年四季中最美的季节。天气晴朗，天空很蓝，偶尔飘过几朵白云，空气很新鲜，而且不冷不热，很凉快，是最适合外出旅行的季节。

★ 关于北方的秋天，下列哪项不对？

A 很美　　　　　B 空气新鲜　　　C 很热　　　　　D 适合旅行

71. 哥，你看，我给你买了一条新领带，你明天不是要去新公司面试吗，戴上它，一定会让你看起来更精神。

★ 为什么要给哥哥买新领带？

A 他要去面试　　B 他过生日　　　C 他戴领带很精神　D 他要去上班

72. 你今天做的鱼比昨天的好吃，蔬菜的味道也不错，不像昨天的那么咸。可是，今天的汤是不是酸了一点儿？

★ 今天的汤怎么样？

A 酸　　　　　　B 甜　　　　　　C 苦　　　　　　D 咸

73. 他不是我的男朋友，是我叔叔的儿子，也就是我的弟弟，大学刚毕业，来北京看我，顺便看看长城和故宫。

★ "他"和"我"是什么关系？

A 亲戚　　　　　B 同学　　　　　C 朋友　　　　　D 夫妻

74. 任何事情都有第一次，第一次上学、第一次考试、第一次工作、第一次比赛……当我们面对第一次的时候，不要害怕，不要紧张，每个人的机会都一样，只要走出第一步，以后就容易得多。

★ 作者认为面对第一次的时候，应该怎么样？

A 害怕　　　　　B 紧张　　　　　C 勇敢　　　　　D 粗心

75. 一年前的今天，我和我爱人在朋友的生日晚会上认识了，当时他走过来跟我说："对不起，能告诉我你的电话号码吗？"我问他为什么，他说："因为我不是坏人啊。"

★ 根据对话我们知道，作者的爱人是个什么样的人？

A 有礼貌　　　　B 认真　　　　　C 幽默　　　　　D 马虎

76. 每个人的性格不同，如果正在做一件不适合自己的事，那么不管多努力，可能都无法取得最好的效果，不如及时改变，找到更适合自己的事。及时放弃是聪明的表现。

    ★ 这段话主要在谈什么？

      A 努力   B 放弃   C 性格   D 效果

77. 他刚来中国的时候，还是个小男孩儿，一说话就脸红，现在已经长大了，汉语说得很流利，最让他得意的是，他竟然当了翻译。

    ★ 他为什么觉得得意？

      A 长大了   B 汉语说得好   C 成熟了   D 当了一名翻译

78. 可能每个女孩儿都有一个美丽的梦，那就是遇见一个浪漫的男孩儿，男孩儿可以送她鲜花、巧克力，带她去旅行。可这个梦会逐渐改变，因为随着她们不断成熟，她们会发现，比浪漫更重要的是男人的诚实和耐心。

    ★ 女孩儿在成熟之前喜欢什么样的男孩儿？

      A 耐心   B 诚实   C 浪漫   D 善良

79. 当我们在别的国家生活时，除了要了解这个国家的语言、文化，更要努力去适应它的习惯。不能因为它的习惯跟我们自己的不一样，就去批评，这样很不礼貌。

    ★ 面对不同国家的习惯，作者觉得应该怎么样？

      A 尊重   B 反对   C 无所谓   D 批评

80–81.

    毕业之前，小张和几个同班同学一起在外贸公司实习。毕业以后，只有小张成为了这家公司的正式职员。别的同学都觉得很奇怪，经理说，小张对待每一项工作都认真负责，所以愿意给他工作的机会。

    ★ 毕业之前，小张在干什么？

      A 实习   B 学习   C 关门   D 当翻译

    ★ 经理觉得小张怎么样？

      A 很奇怪   B 很可怜   C 很热情   D 有责任心

82–83.

经常打扫房间，不仅能让环境更干净，还能让心情变得更好。我们把房间里不干净的东西扫出去，就好像把不快乐的事忘了一样。如果你想让自己每天都开心，那么就经常打扫房间，保持房间的干净整洁吧。

★ 关于打扫房间，下面不正确的是：

A 可使房间干净　B 可使房间整洁　C 可使心情变好　D 可使房间变大

★ 作者认为怎样能忘记不快乐的事？

A 经常锻炼　　　B 每天都开心　　　C 环境不好　　　D 打扫房间

84–85.

手机，有时候让人与人之间的距离变得很近。我在中国，你在美国，有了手机，我们可以发短信，可以打电话，联系起来很方便，好像我在左边，你在右边。手机，有时候让人与人之间的距离变得很远，我在左边，你在右边，但有了手机，我们不是上网就是玩儿手机游戏，好像我在中国，你在美国。

★ 为什么说手机会让人与人之间的距离变近？

A 我在中国　　　B 方便联系　　　C 我在右边　　　D 我在左边

★ 关于手机，下列哪项文中没有提到？

A 可以打电话　　B 可以赚钱　　　C 可以上网　　　D 可以发短信

三、书　写

第一部分

第 86–95 题：完成句子。

例如：那座桥　　800 年的　　历史　　有　　了
　　　那座桥有 800 年的历史了。

86. 不要　　医生　　建议　　感冒时　　吸烟

87. 他们这儿　　现金　　用　　只能　　付款

88. 准时　　已经　　在机场　　降落了　　飞机

89. 伤心的时候　　人们　　最需要　　在　　鼓励

90. 良好的　　他们　　为孩子　　提供了　　学习环境

91. 污染　　会　　健康　　空气　　影响　　人们的

92. 感情　　爱情　　很多种　　只是　　之一

93. 作业　　老师　　交　　把　　给　　请

94. 弄清楚　　晚会的　　地点　　没有　　我

95. 被他们　　演出　　推迟　　一个小时　　了

第二部分

第 96–100 题：看图，用词造句。

例如： 乒乓球　　她很喜欢打乒乓球。

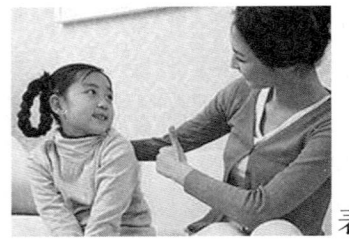

96.　　　　　　表扬

97.　　　　　　参观

98.　　　　　　出发

99.　　　　　　打招呼

100.　　　　　　戴

听力文本

HSK（四级）模拟试卷 *1*

（*音乐，30 秒，渐弱*）

大家好！欢迎参加 HSK（四级）考试。
大家好！欢迎参加 HSK（四级）考试。
大家好！欢迎参加 HSK（四级）考试。

HSK（四级）听力考试分三部分，共 45 题。
请大家注意，听力考试现在开始。

第一部分

一共 10 个题，每题听一次。

例如：我想去办个信用卡，今天下午你有时间吗？陪我去一趟银行？
　　　★ 他打算下午去银行。

　　　现在我很少看电视，其中一个原因是，广告太多了，不管什么时间，也不管什么节目，只要你打开电视，总能看到那么多的广告，浪费我的时间。
　　　★ 他喜欢看电视广告。

现在开始第 1 题：

1. 我给妹妹买了件黑色的裙子，可是妹妹不喜欢，觉得颜色太深了。我去商店想换一件别的颜色的，可售货员说这种裙子只剩下黑色的了。
　　★ 这种裙子没有黑色的了。

2. 姐姐春节回家，带回来一个比她大十多岁的男朋友。因为年龄差得太大，父母不同意，但我支持我姐姐。
　　★ "我"不反对姐姐交男朋友。

3. 小王，你看这样行不行，明天上午十点我去找你。今天下午我有历史课。
　　★ 他今天下午要上历史课。

4. 爸爸每天都坐地铁上下班，从来不开车，虽然会有一些不方便，但是不会堵车，这样更省时间。

    ★ 爸爸每天开车上下班。

5. 寒假的时候，为了提高我的学习成绩，妈妈给我报名参加了一个学习班，我不愿意去，因为这样就没有时间做自己的事了。

    ★ 学校要求他寒假去参加学习班。

6. 现在的年轻人每天睡得晚，起来得也晚，整天坐在电脑前，运动越来越少，身体越来越胖，健康离他们越来越远了。

    ★ 现在的年轻人越来越不健康了。

7. 我爸爸开了一家公司，每天辛辛苦苦从早忙到晚，特别是最近，生意多得忙不过来，妈妈决定去帮他。

    ★ 爸爸是公司职员。

8. 先生，这儿禁止抽烟，您可以去那边的休息室。

    ★ 在休息室可以抽烟。

9. 爷爷明天过生日，爸爸说他买酒，妈妈说她要做好吃的饭菜，哥哥说他要买蛋糕，我还没想好给爷爷什么礼物呢。

    ★ "我"要给爷爷买一个蛋糕。

10. 这次数学考试小明考了 60 分，妈妈很生气，让他努力学习，下次一定要超过 90 分，否则就不让他看电视了。

    ★ 妈妈不满意小明的成绩。

第二部分

一共 15 个题，每题听一次。

例如：女：该加油了，去机场的路上有加油站吗？
　　　男：有，你放心吧。
　　　问：男的主要是什么意思？

现在开始第 11 题：

11. 男：我的理想是当一名医生，你的理想是什么？
　　女：我小时候希望当一名科学家，可是现在我想成为一名律师。
　　问：女的现在的理想是做什么？

12. 男：这双鞋的颜色和样子都非常适合你，别再选来选去的了，就买这双吧。
    女：嗯，这双确实不错，可是价格有点儿……，我再看看吧。
    问：女的为什么没买这双鞋？

13. 男：小张，下午会议上要用的材料准备好了吗？那可是很重要的。
    女：准备好了，您就放心吧。
    问：这段对话最可能发生在哪儿？

14. 女：你们这里一年四季来旅游的人都这么多啊？
    男：我们这儿秋天的景色最美，其他三个季节人没有这么多。
    问：现在是哪个季节？

15. 男：抱歉抱歉，是我太粗心了，不是他的错。
    女：那他也不应该是这样的态度啊！
    问：根据对话可以知道什么？

16. 女：请问，您用现金还是用信用卡啊？
    男：用信用卡吧……哎呀，不好意思，我忘带了，还是现金吧。
    问：男的在做什么？

17. 男：你觉得我们公司新来的小丽怎么样？
    女：挺好的呀，很诚实，懂礼貌，又努力，就是有时候有点儿小马虎。
    问：女的认为小丽这个人怎么样？

18. 女：喂，王明，你知道李老师的电话号码吗？我找她有点儿事儿。
    男：知道，前几天我还给王老师打电话了呢。你记一下吧，138-8888-6790。
    问：王老师的电话号码最后四位是多少？

19. 女：你找到工作了吗？
    男：工作是找到了，这几天正忙着在附近找房子呢，现在租个合适的房子太难了。
    问：男的这几天在忙什么？

20. 女：我下个月要去北京出差，听说机票不大好买呢。
    男：那就坐火车吧，尤其是高铁，速度快，又舒服，多好！
    问：男的建议女的怎么去北京？

21. 女：您的孩子最近总是不按时完成作业，希望你们下班后多关心关心孩子。

男：好的，我回去后一定按照您说的去做，真是辛苦您了。

问：女的可能是做什么工作的？

22. 男：王小明同学真是太聪明了，每次考试都考全校第一。

女：是啊，他从小就养成了按时完成作业、课前预习和课后复习的好习惯，成绩当然好了。

问：关于王小明，可以知道什么？

23. 女：喂，王经理，现在有点儿堵车，我可能晚十分钟到，真不好意思。

男：哦，没关系，你直接到305房间吧，我们就在那里等你。

问：女的为什么迟到了？

24. 女：都十点了，快点儿起床吧。是不是昨晚睡得太晚了？

男：不是礼拜天吗，又不用上班，再让我睡会儿吧。

问：男的为什么还不起床？

25. 男：别总玩儿游戏，长时间看电脑对眼睛不好。

女：我不是在玩儿游戏，是在网上购物呢，买完这个包我就下来。

问：女的在做什么？

第三部分

一共20个题，每题听一次。

例如：男：把这个材料复印5份，一会儿拿到会议室发给大家。

女：好的。会议是下午三点吗？

男：改了，三点半，推迟了半个小时。

女：好，602会议室没变吧？

男：对，没变。

问：会议几点开始？

现在开始第26题：

26. 女：你怎么现在才来呀？

男：没办法，路上堵车。

女：知道会堵车，怎么不提前一点儿出发啊？

男：一般这个时间不堵车啊，不知道今天是怎么了。

女：别说了，快进去吧，表演马上就要开始了。

问：女的怎么了？

27. 男：放松一点儿，你不要这么紧张嘛。
　　女：这是我第一次参加应聘，我很想进这家公司。
　　男：我相信你一定会顺利通过的。
　　女：可是我还是紧张啊……什么时候能到我啊？
　　男：你看你，先坐一下，喝杯咖啡，还有好几位呢。
　　问：女的现在在做什么？

28. 女：你下午有时间吗？我想去一趟眼镜店。
　　男：眼镜怎么了，坏了还是看不清楚了？
　　女：不是，我想换个好看的。
　　男：你现在的眼镜就很好看啊。
　　女：不好看，太旧，已经不流行了。
　　问：男的是什么意思？

29. 女：我的电脑坏了，你能帮我看看是怎么回事吗？
　　男：行，放这儿吧。我给你看看。
　　女：我急着用，请问明天能不能修好？
　　男：那可不好说，得看看是什么问题。你先留个电话吧，我检查以后告诉你。
　　女：好的，谢谢师傅啊。
　　问：电脑什么时候能修好？

30. 男：小王啊，我这几天实在太忙了，才给你回电话。
　　女：没关系，张教授，我只是想问问，您收到我发的邮件了吗？
　　男：收到了，咱们约个时间谈谈你的文章怎么修改吧。
　　女：我什么时候都行，您定时间吧。
　　问：根据对话，可以知道什么？

31. 女：听说你明天要去上海开会？
　　男：是啊，要去一个星期呢。
　　女：我叔叔在上海工作，你能帮我给他带点儿东西吗？
　　男：当然可以，不过你最好今天下午把东西给我，明天上午我恐怕没有时间。
　　女：好，我一会儿就把东西送过来。
　　问：女的让男的帮她干什么？

32. 女：王明，刚才讲的语法你听明白了吗？
　　男：听明白了，其实一点儿也不难。
　　女：下课后也要常常练习、复习，否则很快就忘了。
　　男：嗯，放心吧，我每天都会用一定的时间复习的。
　　问：他们可能在哪儿？

33. 男：你昨天晚上去看比赛了吗？
    女：没有，我跟同学去图书馆借书了。
    男：我说给你打电话你怎么没接呢。
    女：我没带手机，放在房间里了。
    问：女的昨晚干什么去了？

34. 女：听说明天有雨。
    男：是吗？我们明天还想去爬山呢。
    女：那你们最好还是换个时间再去。
    男：我倒希望能换个时间下雨。
    问：男的是什么意思？

35. 女：你怎么又跟孩子发脾气了？这可解决不了问题。
    男：我也知道，但是一看到他不听话，火儿就来了。
    女：教育孩子最需要的就是耐心了。
    男：这也是我最缺少的。
    问：他们在谈什么？

第36到37题是根据下面一段话：
    现在越来越多的人喜欢在网上购物，因为在网上买东西不仅省时，而且省钱，吃的、喝的、玩儿的、穿的，什么东西都可以在网上买。我认为除了男朋友以外，几乎所有的东西都能在网上买到。
    36. 人们为什么喜欢在网上买东西？
    37. "我"认为在网上买不到什么东西？

第38到39题是根据下面一段话：
    我来中国已经两年了，不怕你笑话，我来这里的主要目的就是吃真正的中国菜。我最喜欢吃北京烤鸭，这也是最有名的中国菜，是中国菜的代表。今年夏天我父母来看我，第一天晚上我就带他们去吃烤鸭，他们也觉得味道不错。我还带他们逛街、爬长城。现在，他们也跟我一样爱上了北京和北京烤鸭。
    38. "我"来中国多长时间了？
    39. 下面哪个不正确？

第40到41题是根据下面一段话：
    去咖啡馆除了喝咖啡、吃甜品、上网、聊天儿，还能做什么？现在，有一种猫咪咖啡馆开始流行了。听名字就知道了，店里养了很多可爱的小猫，它们很会陪人，甚至比漂亮的女服务员更受欢迎。顾客们可以一边喝着咖啡，一边跟它们做游戏，这不仅能够让来喝咖啡的顾客放松心情，还特别能吸引那些跟着大人来的孩子们呢。
    40. 在猫咪咖啡馆，可以做什么？

41. 小猫有什么特点？

第 42 到 43 题是根据下面一段话：

　　都说早睡早起多运动对身体有好处，而且能减肥，我也想试一下。于是昨天晚上八点半我就睡觉了，可是今天早上天还没亮我就醒了，我一看时间才四点半，真是太早了，以后我可不能那么早睡觉了，看样子这个方法不适合我。

42. 昨天晚上"我"睡了几个小时？

43. "我"为什么不再那么早睡觉了？

第 44 到 45 题是根据下面一段话：

　　老虎是肉食动物，即使是动物园里的老虎，一天也能吃下 4 公斤左右的肉。有人把老虎叫作"大猫"，它像猫一样会爬树，而且一般也是白天休息，到了晚上才出来活动。但跟猫不同的是，它还很喜欢游泳。老虎中最大的东北虎，体重甚至有 300 多公斤，主要生活在中国东北。

44. 关于老虎的介绍，下面哪项不正确？

45. 东北虎主要在哪儿生活？

听力考试现在结束。

HSK（四级）模拟试卷 *2*

第一部分

一共 10 个题，每题听一次。

例如：我想去办个信用卡，今天下午你有时间吗？陪我去一趟银行？
　　　★ 他打算下午去银行。

　　　现在我很少看电视，其中一个原因是，广告太多了，不管什么时间，也不管什么节目，只要你打开电视，总能看到那么多的广告，浪费我的时间。
　　　★ 他喜欢看电视广告。

现在开始第 1 题：

1. 你是说小李吗？我上大学之前就天天和他在一起打球，怎么能不认识他呢？
　　★ "我" 原来就认识小李。

2. 很多老人喜欢早上去公园锻炼身体，可是早上的空气不一定适合运动。
　　★ 早上的空气一定不好。

3. 要是早知道会这样，我就不让你去了。
　　★ 他早就知道会出现这种情况。

4. 王师傅做的鱼味道鲜美，不油腻，有机会你最好去尝一尝。
　　★ 王师傅的鱼做得很好吃。

5. 我们班的同学都很喜欢跳舞，而且跳得非常好，所以，每当有演出的时候，我们都会积极参加。
　　★ 我们班的同学都喜欢唱歌。

6. 当他站在台上，看到台下有很多观众时，立刻觉得非常紧张，结果台词全忘了。
　　★ 他记得台词。

7. 那天，好不容易爬到山上，突然下起了大雨，结果我被淋成了 "落汤鸡"。
　　★ 他的衣服都湿了。

8. 客人告别时，主人要等客人起身后才可以站起来，不然好像是希望客人快点儿走，这样太不礼貌了。

   ★ 主人送客人时应该先站起来。

9. 小刘这个人很成熟，有同情心，脾气也不错，可就是太小气，让人受不了。

   ★ 小刘很小气。

10. 你好！昨天我在这儿买的衬衫有点儿小，颜色也不太合适，能不能换一件？

    ★ 他在买衣服。

第二部分

一共 15 个题，每题听一次。

例如：女：该加油了。去机场的路上有加油站吗？

   男：有，你放心吧。

   问：男的主要是什么意思？

现在开始第 11 题：

11. 男：吃完饭我们去唱歌好吗？

    女：不，人家想看电影嘛！

    问：男的和女的可能是什么关系？

12. 男：我想今年去日本留学。

    女：毕业后再去吧，就差一年了。

    问：女的是什么意思？

13. 男：当导游多好啊！可以去很多地方，还可以吃很多好吃的。

    女：那也没有你好啊！你有寒暑假呀！

    问：男的可能是做什么的？

14. 女：麦克，你的作业呢？

    男：老师，对不起，昨天的作业太多，我……

    问：麦克怎么了？

15. 男：再来点儿吧。

    女：不了，我现在得少吃，不然会发胖的。

    问：女的可能有什么打算？

16. 女：还有小一点儿的房子吗？
    男：对不起，已经售完了。
    问：小的房子卖得怎么样？

17. 女：怎么这么快就回来了？钱取出来了吗？
    男：别提了，我忘带银行卡了。
    问：男的想做什么？

18. 女：你昨天又开夜车了吧？看你眼睛红得！
    男：是啊，我现在眼睛都睁不开了。
    问：男的是什么意思？

19. 女：你怎么这么小就抽烟？
    男：我跟我爸学的。
    问：关于爸爸，可以知道什么？

20. 女：考试的时候要仔细看题，不要马马虎虎的。
    男：知道了，你已经说了一百遍了。
    问：男的是什么态度？

21. 男：早上出去散散步，这一天都觉得有精神。
    女：是啊，年龄大了，就应该多运动。
    问：从对话中可以知道什么？

22. 女：这个电视剧很感人，快来一起看看吧。
    男：我可不想流眼泪。
    问：男的是什么意思？

23. 男：隔壁那家咖啡厅的咖啡怎么样？非常好喝吧？
    女：我觉得正好相反。
    问：女的是什么意思？

24. 女：明年我的女儿就要上小学了，还不知道让她去哪个学校好呢。
    男：离家近一点儿的最好。
    问：男的是什么意思？

25. 男：老婆，做什么好吃的呢？用不用我帮帮你啊？
    女：不用了，你只要把碗筷摆好就行了。
    问：对话可能发生在哪里？

第三部分

一共 20 个题，每题听一次。

例如：男：把这个材料复印 5 份，一会儿拿到会议室发给大家。
　　　女：好的。会议是下午三点吗？
　　　男：改了，三点半，推迟了半个小时。
　　　女：好，602 会议室没变吧？
　　　男：对，没变。
　　　问：会议几点开始？

现在开始第 26 题：

26. 女：音乐会的票搞到了吗？
　　男：你看，这是什么？
　　女：哇，太棒了！你可真了不起！
　　男：我行吧？
　　问：男的怎么样？

27. 女：这次考试考得怎么样啊？
　　男：不怎么样。
　　女：快说呀，到底多少分？
　　男：60 分及格，我就差 1 分。
　　问：男的考了多少分？

28. 男：周小丽怎么还没来？
　　女：她去医务室了。
　　男：她怎么了？
　　女：昨晚在街边吃了点儿东西，半夜就开始拉肚子。
　　问：周小丽现在在什么地方？

29. 女：这首歌是谁点的？
　　男：可能是小李吧，这是他最喜欢的歌。
　　女：把麦克风给他。
　　男：快点儿，音乐都开始了！
　　问：对话发生在什么地方？

30. 女：喂，我是王芳，喂，喂！
　　男：怎么了？

女：我能听见小李的声音，可是他听不见我说话。
男：是不是信号不好啊？
女：不是，有时候就这样，我应该去修修了。
问：女的想去修什么？

31. 男：快尝尝我做的鱼。
女：你做的？
男：怎么样？很好吧！我做鱼可是有名的。
女：别吹牛了，哪有那么好啊！
问：女的觉得鱼做得怎么样？

32. 女：你家养了这么多花儿呀？
男：这还多？前天我姐姐还拿走了好几盆呢。
女：能送给我两盆吗？
男：这你可得问问我爸爸。
问：这些花儿可能是谁养的？

33. 女：你今天穿得这么休闲，这是要去哪儿呀？
男：啊，今天放假，跟公司的同事一起去郊游。
女：你的工作真轻松。
男：那你是没看见我忙的时候呢！
问：男的工作怎么样？

34. 男：现在的孩子就喜欢玩儿电脑！
女：是啊。我那孩子在电脑前一坐就是一天。
男：那眼睛不累坏了啊？
女：我就担心这个啊！
问：女的担心什么？

35. 男：你要的光盘买到了吗？
女：别提了，我好不容易找到了那个地方，可人家却说卖没了！
男：那你真够倒霉的！
女：不过还好，过两天就会有的。
问：女的想做什么？

第 36 到 37 题是根据下面一段话：

网络给现代生活带来了方便，丰富了人们的业余生活，让人们在娱乐的同时能够学习到很多知识，但是如果过分地使用网络，也是十分有害的。

36. 根据这段话，网络有什么作用？

37. 这段话想告诉我们什么？

第 38 到 39 题是根据下面一段话：

下午儿子要去学游泳，我说："我们一起走着去吧。"他很高兴地同意了。以前，他都是坐车去的，还从来没有走过呢。一路上，他又蹦又跳，一会儿看看树，一会儿听听鸟儿叫，感觉特别新鲜。

38. 儿子要去：

39. 儿子对看到的一切觉得：

第 40 到 41 题是根据下面一段话：

各位领导、老师，下午好！今天我能拿到这个奖杯，我最想感谢的一个人就是我的老师。这一年她都陪在我的身边，安慰我，鼓励我，给了我很大的信心，让我能够坚持下来。没有她，就没有我的今天！

40. 说话人最想感谢谁？

41. 说话人现在的心情怎么样？

第 42 到 43 题是根据下面一段话：

糖葫芦是中国北方冬天常见的一种小吃。以前的糖葫芦主要是用山楂做成的，酸酸甜甜的，很好吃。可是现在，人们增加了它的种类，苹果、葡萄、橘子、草莓等都可以用来做糖葫芦，且味道甜美，营养丰富。

42. 糖葫芦是中国哪里的小吃？

43. 录音中没有提到哪种水果？

第 44 到 45 题是根据下面一段话：

我和李梅是同事。今天，我在回家的路上遇到了李梅，原来她上个星期搬家了，搬到了我家的楼下。李梅笑着对我说："以后你可以常常来我家玩儿了。现在我们不仅是同事，还是邻居了。"

44. 关于李梅，可以知道什么？

45. 我和李梅现在变成了：

听力考试现在结束。

HSK（四级）模拟试卷 *3*

第一部分

一共 10 个题，每题听一次。

例如：我想去办个信用卡，今天下午你有时间吗？陪我去一趟银行？
　　　★ 他打算下午去银行。

　　　现在我很少看电视，其中一个原因是，广告太多了，不管什么时间，也不管什么节目，只要你打开电视，总能看到那么多的广告，浪费我的时间。
　　　★ 他喜欢看电视广告。

现在开始第 1 题：

1. 我和小高说好三点钟在医院门口见面的，可是都三点半了也没看见他，打他手机又关机，真是急死人了！
　　★ 小高还没有来。

2. 多好的机会呀，可惜让我错过了！因为这事，妈妈都跟我生气了。
　　★ 他得到了这次机会。

3. 表演的时候，要放松，不要紧张，我们已经练过很多遍了，就把这次比赛看成是平时的练习吧。
　　★ 我们平时没有练习。

4. 现在是司机师傅换班的时间，所以不好打车，你再耐心等一会儿吧。
　　★现在打车不容易。

5. 减肥最好的办法就是锻炼和少吃东西，我不赞成吃减肥药，因为那样会对身体造成伤害。
　　★ "我"不同意吃减肥药。

6. 他在一家五星级酒店工作，工资很高，还有奖金，公司给他提供了一套大房子。
　　★ 他没有房子住。

7. 当我们不开心时，适当地吃一些甜食会使心情变得好一些，比如巧克力和牛奶糖等。
　　★ 心情不好时应该喝牛奶。

8. 真没想到你这么年轻就读完研究生了。我去年也参加了研究生考试，可惜差了两分。
   ★ "我"正在读研究生。

9. 出差时最好带着地图，这样就不会迷路了。
   ★ 出差时一定要带地图。

10. 现在的手机除了可以打电话以外，还可以听音乐、看电影、拍照、上网、玩儿游戏。
    ★ 现在的手机可以上网。

第二部分

一共 15 个题，每题听一次。

例如：女：该加油了。去机场的路上有加油站吗？
　　　男：有，你放心吧。
　　　问：男的主要是什么意思？

现在开始第 11 题：

11. 男：这是明年的工作计划，您看一下吧。
    女：我这儿还有点儿工作没做完，你先放在这儿吧。
    问：女的是什么意思？

12. 女：听说你决定不买车了，是真的吗？
    男：是呀，买了车还得洗车、保养什么的，太麻烦，再说，我家离公司也不远。
    问：他们在谈什么？

13. 男：小姐，这是 203 的钥匙。请给我结一下账。
    女：好的。您住了 3 天，一共是 540 块。
    问：男的想做什么？

14. 男：你们的导游英语怎么样？
    女：我们有专门的英语导游，都是通过国家级考试的，英语没问题。
    问：对话可能发生在哪儿？

15. 女：麦克为什么没来上课？
    男：昨天晚上他和朋友出去玩儿了，很晚才回来，现在肯定没起来呢！
    问：男的是什么意思？

16. 女：听说中国人过春节的时候，不但要吃饺子，还要吃鱼，有这回事吗？
    男：是啊，吃鱼的意思是"年年有余"，也就是希望富裕、有钱。
    问："年年有余"是什么意思？

17. 男：妈，这菜怎么这么淡啊？
    女：是吗？我尝尝。嗯，可能是我忘放盐了。
    问：这菜怎么样？

18. 男：你网球打得怎么样？
    女：还可以，小时候我学过，但是我最喜欢的还是打羽毛球。
    问：女的最喜欢的运动是什么？

19. 女：他怎么喝这么多酒啊？
    男：女朋友跟他分手了，心情不好。
    问：他怎么了？

20. 男：来，碰下杯，祝你新年快乐！
    女：别碰了，要是都喝了，我会醉的。
    问：他们正在做什么？

21. 男：今天晚上公司加班，我不回去吃晚饭了。
    女：怎么又加班啊？
    问：女的是什么态度？

22. 女：今天我买了两件大衣、一顶帽子，一共花了650块。
    男：别忘了还有一双500块钱的皮鞋呢！
    问：女的今天花了多少钱？

23. 女：电视里这个人是谁呀？
    男：他就是郭敬明，现在最红的网络作家之一。
    问：郭敬明是干什么的？

24. 女：我的电子信箱怎么打不开了？
    男：我看看。哎呀，密码错误，当然打不开。
    问：女的的电子信箱为什么打不开？

25. 女：你待着也没事，陪我出去逛逛街吧。
    男：逛街？我宁可在家睡觉！
    问：男的是什么意思？

第三部分

一共 20 个题，每题听一次。

例如：男：把这个材料复印 5 份，一会儿拿到会议室发给大家。
　　　女：好的。会议是下午三点吗？
　　　男：改了，三点半，推迟了半个小时。
　　　女：好，602 会议室没变吧？
　　　男：对，没变。
　　　问：会议几点开始？

现在开始第 26 题：

26. 男：妈妈，我有点儿头疼，家里有没有药啊？
　　女：我找找。还真有一盒，给你。
　　男：这药已经过期了。
　　女：是吗？那我再去给你买一盒。
　　问：对话可能发生在哪儿？

27. 女：你怎么又擦车？昨天不是刚擦过吗？
　　男：不擦不行啊！雪全化了，路上都是泥，弄得满车都是。
　　女：用不用我帮你一把？
　　男：不用，马上就完了。
　　问：男的在做什么？

28. 女：小刘，你来看看，这电脑又怎么了？
　　男：好像是死机了。
　　女：怎么总死机呢？是不是因为有病毒啊？
　　男：不是，这电脑都买好几年了，太旧了。
　　女：赶紧换一台新的吧，多影响工作呀！
　　问：关于这台电脑，我们知道什么？

29. 女：明天是情人节，你和你女朋友有什么安排呀？
　　男：我和她约好一起去吃饭、看电影。你们俩呢？
　　女：还不知道，我男朋友说要给我一个惊喜。
　　男：还挺浪漫呢！
　　问：根据对话，我们可以知道什么？

30. 男：这种电子词典多少钱？
　　女：这种是新出的，不打折，5400元。
　　男：太贵了！那种呢？
　　女：那种原价4000，现在搞活动，打7折，2800。
　　男：这个价钱还行，就买这款吧。
　　问：男的买电子词典花了多少钱？

31. 男：小丽，快来看啊！进了，进了！
　　女：谁进的？
　　男：3号王强，接到球后，他用脑袋轻轻一顶就进了。太精彩了！
　　女：我早就知道他很厉害。
　　问：他们在看什么比赛？

32. 男：忙了一天，终于打扫完了。
　　女：厨房也打扫了？
　　男：那还用说！还有客厅、卧室、卫生间、书房，你看看！
　　女：书架擦了吗？
　　男：哟，这个忘了！
　　问：男的没有做什么？

33. 男：我要买一张今天去北京的火车票。
　　女：你要几点的？
　　男：上午10点20的。
　　女：对不起，已经卖没了。还有13点15和15点40的。
　　男：那要13点15的吧。
　　问：男的买了几点的车票？

34. 女：外面阴天了，马上要下雨了。
　　男：糟了，我没带雨伞啊！
　　女：没事儿，我可以把我这把伞借你。
　　男：那你怎么办啊？
　　女：我办公室里还有一把呢。
　　问：根据对话可以知道什么？

35. 男：请问，今天美元兑换人民币的汇率是多少？
　　女：现在的汇率是1美元兑换6.78元人民币。
　　男：怎么又低了？那先给我换500美元吧。
　　女：好，请填好这张表格。
　　问：男的想做什么？

第 36 到 37 题是根据下面一段话：

业务员出差一般都坐火车，不过他们中大多数都不喜欢提前订票，觉得这样做太麻烦。但实际上提前订票，既可以避免买不到票，还可以省去排队的时间。此外，你也不用再为了买票而早早出发了。

　　36. 这段话主要谈的是什么？

　　37. 说话人觉得提前订票怎么样？

第 38 到 39 题是根据下面一段话：

我们公司以前的那台复印机已经用了五六年了，不但复印效果特别不好，而且还总是出问题。现在换了新的，复印速度比以前的快了两倍，不仅节约了大家的时间，还提高了工作效率，公司的员工都很高兴。

　　38. 公司现在用的复印机怎么样？

　　39. 公司的员工是什么态度？

第 40 到 41 题是根据下面一段话：

谢谢大家对我的支持。我虽然已经出道三年了，但拍的电影并不多，所以我还要特别感谢王子强导演，是他让大家看到了一个全新的我。拿到这个奖，对我来说是一个新的开始，我会继续努力的。谢谢大家！

　　40. 说话人是做什么的？

　　41. 根据录音，可以知道说话人：

第 42 到 43 题是根据下面一段话：

在泰国，酸辣汤这种小吃就相当于美国的汉堡包。不过相比之下酸辣汤就健康得多了。因为这种泰国小吃很受欢迎，于是便有人想到将做酸辣汤用的调味品放在土豆条上，制成了这种泰国独特的酸辣土豆条。

　　42. 在泰国，酸辣汤是什么？

　　43. 这种独特的土豆条是什么味道？

第 44 到 45 题是根据下面一段话：

最近我经常看到一些中青年人由于过度劳累而突然死亡的消息，这让我觉得很吃惊。虽然我们的生活条件变好了，但人们的压力却变得越来越大，休息、锻炼的时间也在减少，所以我觉得我们应该爱护身体，放松心情。

　　44. 根据录音，那些中青年人为什么会突然死亡？

　　45. 这段话告诉我们一个怎样的道理？

听力考试现在结束。

HSK（四级）模拟试卷 4

第一部分

一共 10 个题，每题听一次。

例如：我想去办个信用卡，今天下午你有时间吗？陪我去一趟银行？
　　　★ 他打算下午去银行。

　　　现在我很少看电视，其中一个原因是，广告太多了，不管什么时间，也不管什么节目，只要你打开电视，总能看到那么多的广告，浪费我的时间。
　　　★ 他喜欢看电视广告。

现在开始第 1 题：

1. 小王是我去年去旅行时认识的导游，他人很实在。
　　★ "我"现在是导游。

2. 我只在周末的时候出去打工，平时在水果店里帮妈妈卖水果。
　　★ "我"妈妈是卖水果的。

3. 虽然我们离得很远，但有时候我会给她发短信，或者问声好，或者讲个笑话。
　　★ "我"每天都给她发短信。

4. 我最不会讲价了，去市场买东西，总是人家要多少钱，我就给多少钱。
　　★ "我"只买便宜的东西。

5. 这首曲子非常轻松、优美，而且令人心情愉快，我们坐下来静静地听一会儿吧。
　　★ 这首曲子不会让人紧张。

6. 我认为应该对那些认真负责、热心助人的公共汽车司机进行表扬。
　　★ 我们要表扬所有的司机师傅。

7. 去朋友家做客之前，最好是先打个电话，不然会显得不太礼貌。
　　★ 应该先打电话，再去朋友家。

8. 我喜欢上网，经常花很多时间打游戏、看新闻、发电子邮件。
　　★ "我"常常上网。

9. 我们大学同学的关系非常好，每年都会找时间聚几次。
   ★ 他们大学同学每年都聚会。

10. 今天是我的生日，老师说我可以当一天班长，这是我等了好久才等到的礼物，也是老师给我的最好的礼物。
    ★ "我"不想要生日礼物。

第二部分

一共 15 个题，每题听一次。

例如：女：该加油了。去机场的路上有加油站吗？
　　　男：有，你放心吧。
　　　问：男的主要是什么意思？

现在开始第 11 题：

11. 男：听说小刘跟小王没来考试，他们病了吗？
    女：哪儿呀，他们昨天复习到很晚才睡觉，上午没起来。
    问：小刘和小王为什么没来考试？

12. 男：这么多种小食品，怎么还没选好啊？电影都要开始了！
    女：马上就好。
    问：男的是什么语气？

13. 男：开学了，孩子要交多少钱？
    女：我看看啊，服装费 200，书费 65，班费 50，电影票钱 35。
    问：孩子开学要交多少钱？

14. 男：音乐声太大了，吵死了！
    女：这还大呀？我怎么不觉得呢？
    问：根据对话，可以知道什么？

15. 女：明天我要参加婚礼，你看我换个发型怎么样？
    男：行啊，你的发型十多年都没变了。
    问：女的这个发型留了多长时间了？

16. 女：听说您很喜欢中国的字画。
　　男：是啊，每次来到北京，我都要去画店，看到满意的就买回去几幅。
　　问：男的带回去什么？

17. 女：请问洗手间在哪儿？
　　男：一直往前走，到头儿往右拐就看见了。
　　问：女的想去哪儿？

18. 女：你觉得老李怎么样？
　　男：人不错，就是上班爱迟到，下班爱早走。
　　问：根据对话，可以知道老李怎么样？

19. 女：老张，最近忙什么呢？
　　男：退休了，在家养养花、喂喂鸟，帮助老伴儿做做饭，这样挺好。
　　问：退休后老张感觉怎么样？

20. 女：房间里太热，打开空调吧。
　　男：你刚进来，当然觉得热，我觉得还行。
　　问：男的是什么意思？

21. 女：李刚，你带着女儿上哪儿去啊？
　　男：刚上完舞蹈课，我带她回家吃点儿饭，下午还得学钢琴呢。
　　问：李刚的女儿什么时候学钢琴？

22. 男：老师，对不起，我不能上辅导课了，下午得去机场接我妈妈。
　　女：没关系，你去吧。
　　问：男的今天下午做什么？

23. 女：我的脸色是不是很难看呀？要不我去做做美容？
　　男：我看啊，多注意休息，锻炼锻炼就行了。
　　问：男的是什么意思？

24. 男：除了北京，你还去过哪些地方？
　　女：我可不像你，没事就去旅游，我只去过上海和广州。
　　问：从这句话中我们可以知道什么？

25. 男：苏珊，回国的时候你打算给妈妈带点儿什么礼物啊？
　　女：我妈妈喜欢中国的京剧，我要给她买一张京剧光盘。
　　问：苏珊要送妈妈什么礼物？

第三部分

一共 20 个题，每题听一次。

例如：男：把这个材料复印 5 份，一会儿拿到会议室发给大家。
　　　女：好的。会议是下午三点吗？
　　　男：改了，三点半，推迟了半个小时。
　　　女：好，602 会议室没变吧？
　　　男：对，没变。
　　　问：会议几点开始？

现在开始第 26 题：

26. 男：请问明天上午有到上海的航班吗？
　　　女：CA 1346，10 点起飞。
　　　男：有稍晚一点儿的吗？
　　　女：CA 6754，下午 3 点起飞，可以吗？
　　　男：可以，买一张。
　　　问：男的坐哪班飞机？

27. 女：小刚，你怎么迟到了？
　　　男：老师，我的表才 8 点。
　　　女：你的表慢了 10 分钟，快去修修吧，别影响上课。
　　　男：对不起，我下次一定注意。
　　　问：现在可能几点？

28. 女：师傅，请在这儿停吧，我到了。
　　　男：好的，请慢点儿下。
　　　女：多少钱？
　　　男：22 块。
　　　问：说话人是什么关系？

29. 女：刘扬，好久不见，最近忙吗？
　　　男：哟，大记者，你怎么来了？
　　　女：来找你帮我妈看看，要不要做个手术。
　　　男：阿姨在病房还是在急诊室呢？
　　　女：在病房呢。
　　　问：刘扬是做什么的？

30. 女：小王，什么时候让我们尝尝你做的川菜呀？
男：说实话，我做川菜不太拿手。
女：你不是四川人吗？
男：可是我已经离开四川好多年了，现在都成半个北京人了。
问：男的家乡在哪儿？

31. 女：校园里的取款机修好了没有？
男：没呢，还不能取钱。
女：可是我只有几块钱了。
男：没关系，我可以借你点儿。
问：女的为什么取不了钱？

32. 男：这儿有你的包裹。是什么东西啊？
女：这是我从网上买的一条裤子。
男：网上买的质量能好吗？
女：还行，我买过好几次了。
问：女的在哪儿买的裤子？

33. 女：小明，王阿姨给你介绍了一个女孩儿，你看看不？
男：妈，你就别瞎操心了！
女：怎么是瞎操心呢？你都这么大了。
男：行了，别再说了，我去看还不行吗？
问：根据对话，可以知道什么？

34. 女：王刚，你网球练得怎么样了？
男：早就不练了，现在我学高尔夫呢。
女：你怎么三天打鱼，两天晒网的？
男：谁说的？我这叫兴趣广泛。
问：女的说男的什么？

35. 女：这台洗衣机已经用了8年了，换台新的吧。
男：不是还能用吗？
女：能用是能用，可洗衣服的时候声音太大了，让人受不了。
男：那就换一台吧。
问：他们想做什么？

第36到37题是根据下面一段话：
    如今，有越来越多的城里人希望利用休息日到农村去看看，尝尝农家饭，看看田园景色，去农家院摘水果，他们希望回到自然、绿色的世界，回到轻松愉快的生活状态中。这既丰富了城市居民的生活，又推动了农村旅游业的发展。

36. 现在城市人喜欢做什么？

37. 哪一项不是推动农村旅游发展的内容？

第 38 到 39 题是根据下面一段话：

新发地市场是北京最大的农贸市场，北京 70% 以上的蔬菜、80% 以上的水果都在这里卖。随着节日的到来，到市场购物的车辆逐渐增多，给市场及周围道路带来了一定的交通压力。

38. 新发地市场卖什么东西？

39. 节日期间新发地市场及附近的情况如何？

第 40 到 41 题是根据下面一段话：

我一想到今天要跟朋友们一起骑车去长城就特别兴奋。昨天晚上，我很早就上床了，可就是睡不着。早上一听到闹钟的响声就马上起来，拿起背包就往集合地跑，到了那里才 6 点，离出发还有一个小时呢。朋友们一个都没来，想一想，我也太心急了，不过我真的希望早点儿看到路边的美景。

40. 他为什么很兴奋？

41. 他们几点出发？

第 42 到 43 题是根据下面一段话：

最近，在书店里阅读、买书的人越来越多。记者曾在"五一"期间到过北京市一家书店的少儿部采访，看到书架前有很多孩子都在认真地看书。据说，有很多家长特意带着水果、小凳把孩子送到这里，他们认为这种读书的气氛有助于孩子从小培养良好的阅读习惯。

42. 现在很多人喜欢到哪里看书？

43. 家长们为什么把孩子送到这里看书？

第 44 到 45 题是根据下面一段话：

对不起，老师，我得马上回家一趟，刚才我楼下的邻居打电话来说，我的房间漏水了，已经流到他家里了，让我快点儿回去看看是什么原因。我想可能是因为我来学校之前忘记关水龙头了。

44. 说话人现在在哪儿？

45. 说话人现在的心情怎么样？

听力考试现在结束。

HSK（四级）模拟试卷 **5**

第一部分

一共 10 个题，每题听一次。

例如：我想去办个信用卡，今天下午你有时间吗？陪我去一趟银行？
　　★ 他打算下午去银行。

　　现在我很少看电视，其中一个原因是，广告太多了，不管什么时间，也不管什么节目，只要你打开电视，总能看到那么多的广告，浪费我的时间。
　　★ 他喜欢看电视广告。

现在开始第 1 题：

1. 妈妈很喜欢小狗，不管是吃饭还是看电视，总抱着它。
　　★ 妈妈的小狗不听话。

2. 今天早上，当我急急忙忙推开教室门时，同学们手拿鲜花，对着我微笑，桌子上还放着一个大大的生日蛋糕。
　　★ 今天是"我"同学的生日。

3. 星期天我带着妻子到城里去看一个朋友，因为不认识他的新家，我们在电话里约定在汽车站见面。
　　★ "我"和朋友约定在汽车站见面。

4. 由于小吃的味道好，又比较便宜，因此越来越受到人们的喜爱。
　　★ 人们喜爱小吃是因为吃起来方便。

5. 春节前，很多人都要回家过年，所以火车、汽车的生意特别好，可是服务却比以前差了很多。
　　★ 春节的时候，火车客运非常繁忙。

6. 我的手机没电了，查不到小明的电话号码，真急人。
　　★ "我"的手机坏了，所以很着急。

7. 目前世界各地的污染问题非常严重，最突出的表现是空气污染、海洋污染和城市环境污染。
　　★ 目前的污染问题中，城市环境污染最严重。

8. 国家延长节日假期后，人们的旅游时间更充足了，不仅能在国内旅游，还可以去国外观光购物。

★ 现在旅游的时间更长了。

9. 出席正式场合时，应该穿正式的服装，比如男人穿西服，女人穿套装。女士如果想穿裙子，就必须穿袜子，而且袜口不要露出来。

★ 女士出席正式场合时，最好不要穿裙子。

10. 在同一个问题上，年轻人和老人的认识会有些不同，但并不代表他们不能沟通。

★ 年轻人不能跟老人沟通。

第二部分

一共 15 个题，每题听一次。

例如：女：该加油了。去机场的路上有加油站吗？
　　　男：有，你放心吧。
　　　问：男的主要是什么意思？

现在开始第 11 题：

11. 男：旅游计划还没出来吗？
　　女：经理不在，定不下来，不过下周末应该可以。
　　问：旅游计划什么时候能做出来？

12. 男：你跳得那么好，联欢会时你一定得表演一个！
　　女：我正在准备呢。
　　问：根据对话可知女的怎么样？

13. 女：今天万达影城上映新片，咱们一起去看看吧。
　　男：不行啊，明天就考试了，我还得复习呢！
　　问：男的今晚可能做什么？

14. 女：中午想吃点儿什么？
　　男：听你的，你是咱家领导。
　　问：男的和女的是什么关系？

15. 女：小刘，听说出国留学的名额又增加了，你快点儿去报名吧。
　　男：可是我已经答应女朋友不去了，现在怎么跟她说呀！
　　问：男的心情如何？

16. 男：昨天我在这儿买的裤子有点儿肥，能不能给我换一条？
　　女：可以，请先让我看一下购物小票。
　　问：男的想干什么？

17. 女：李东，你也不小了，是不是该考虑一下个人问题了？
　　男：话是这么说，可是也没有合适的呀！
　　问：女的说的是什么事？

18. 女：出什么事了？前边怎么有那么多人呢？
　　男：发生交通事故了！
　　问：根据对话，可能发生了什么事？

19. 女：休息一会儿吧，我游不动了。
　　男：好，我们上去歇歇。
　　问：他们最可能在做什么？

20. 男：这儿可以订机票吗？
　　女：可以，您要订哪天的？去哪儿？
　　问：对话可能发生在哪里？

21. 女：我从小就很喜欢中国的功夫电影，还想学点儿中国功夫。
　　男：你又不是男孩子，学这个干什么呀？
　　问：男的是什么意思？

22. 男：您好，我是来应聘的，请问需要哪些材料？
　　女：请让我看一下你的简历、毕业证书和推荐信。
　　问：根据对话，应聘时哪个材料不需要？

23. 男：请问这儿附近有宾馆吗？
　　女：离这儿不远有一家，走路 10 分钟就到了。
　　问：男的在做什么？

24. 女：下周有文艺表演，老师让我弹钢琴，让小李唱歌，叫你跳舞。
　　男：可是我想和小李换换。
　　问：男的想表演什么？

25. 男：把号码告诉我，一会儿给你打过去。
　　女：你怎么总是忘记我的电话号码呢？真是的！
　　问：女的是什么语气？

第三部分

一共 20 个题，每题听一次。

例如：男：把这个材料复印 5 份，一会儿拿到会议室发给大家。
　　　女：好的。会议是下午三点吗？
　　　男：改了，三点半，推迟了半个小时。
　　　女：好，602 会议室没变吧？
　　　男：对，没变。
　　　问：会议几点开始？

现在开始第 26 题：

26. 女：经理，您找我有什么事？
　　男：小刘，我要的资料都准备好了吗？
　　女：准备好了。
　　男：那就送到会议室吧，顺便通知各位业务经理去开会。
　　女：好的，我马上就去。
　　问：小刘可能是做什么工作的？

27. 男：我说过多少次了，别总去外边吃东西，你就是不听。
　　女：外边的小吃味道好嘛，而且以前我吃了也没事。
　　男：虽然味道好，但有的不干净。
　　女：我也没想到会拉肚子呀！
　　问：根据对话，可以知道什么？

28. 男：我想换个房间，可以吗？
　　女：为什么啊？
　　男：我那个同屋总在宿舍听音乐，我根本学习不了。
　　女：那你搬到 304 吧。
　　问：从对话中我们可以知道什么？

29. 女：你经常看电视吗？
　　男：不，我很少看，因为广告太多了。
　　女：是啊，一集电视剧里边要插播好几段广告。
　　男：太浪费时间了！

问：男的为什么不喜欢看电视？

30. 女：早上好，刘医生。
    男：早上好。今天感觉怎么样？
    女：吃了你开的药，我感觉好多了，就是嗓子还有点儿疼。
    男：那我再给你开点儿药。回去以后注意多休息，过几天就会好。
    女：好的，谢谢！
    问：这两个人是什么关系？

31. 女：你能帮我整理一下行李吗？
    男：又要出差呀？
    女：是啊，跟经理去上海开会，明天就走。
    男：坐火车去吗？
    女：不是，王秘书给我们订了机票。
    问：女的怎么去上海？

32. 男：昨天的篮球比赛真精彩！
    女：是呀，好久没看到这么激烈的比赛了。
    男：两个队的水平差不多。
    女：可不是，要是最后一个三分球没进，我们就输了。
    男：是啊，就比他们多了一分，真危险！
    问：昨天的比赛他们队怎么样？

33. 男：没考上研究生，找工作也行啊！
    女：可是我还想再考一次，不然不是白努力了！
    男：那你再考不上怎么办呢？
    女：考不上再找工作。
    问：关于女的，可以知道什么？

34. 女：先生，你想选点儿什么？
    男：明天是情人节，我想给我女朋友买些花儿。
    女：那你打算花多少钱？
    男：钱不是问题，只要漂亮就行。
    问：男的为什么要给女朋友买花儿？

35. 女：听说你来北京一年了，能给我推荐几个旅游的地方吗？
    男：当然可以了，故宫、长城、颐和园……这些地方都很受欢迎。
    女：你有时间吗？陪我一起去吧。
    男：行啊，没问题！这个周末怎么样？

女：好，谢谢你！

问：根据对话，我们可以知道：

第 36 到 37 题是根据下面一段话：

现在，有些明星为了追求经济利益而写书，这样很不好，因为读者花钱买他们的书，是为了从书中获得有益的东西，所以希望他们写书的时候，最好认真地考虑一下自己的写作目的。

36. 那些明星为什么写书？

37. 说话人希望明星要考虑什么？

第 38 到 39 题是根据下面一段话：

原来我家孩子吃饭的时候，只想着自己，可是现在不一样了。他总是等长辈开始吃以后才拿起筷子。大人们都说他长大了，懂事了。我听着心里也挺高兴的。

38. 说话人是谁？

39. 她的孩子现在怎么样？

第 40 到 41 题是根据下面一段话：

随着人们生活质量的不断提高，手表已不仅仅是看时间的工具了。飞亚达表将良好的质量、优秀的设计与人们的个性、身份联系起来。戴上它，会使人感受不凡的气质。或许正像它的广告词中说的：飞亚达，一旦拥有，别无所求。

40. 这段话最可能出现在哪儿？

41. 根据这段话，可以知道飞亚达表怎么样？

第 42 到 43 题是根据下面一段话：

关于遵守时间这个问题，人们往往认为，遵守时间就是不迟到。那么早到行不行呢？有时也不太好。比如你去拜访亲戚或朋友，如果去得太早，可能主人还没准备好，这就可能会给他们造成一些不便。一般来说，提前两三分钟到比较好。

42. 做客的时候，到得很早会怎么样？

43. 根据这段话，下列哪种做法比较好？

第 44 到 45 题是根据下面一段话：

喝酒时，鼻子可以闻到酒的香气，眼睛可以看到酒的颜色，舌头可以知道酒的味道，只有耳朵不能享受到什么。于是聪明的希腊人就想出了一个办法：在喝酒时相互碰一下杯子，杯子就会发出响声，这样耳朵也得到享受了。

44. 喝酒时，鼻子能够享受到：

45. 这段话主要谈什么？

听力考试现在结束。

HSK（四级）模拟试卷 *6*

第一部分

一共 10 个题，每题听一次。

例如：我想去办个信用卡，今天下午你有时间吗？陪我去一趟银行？
　　　★ 他打算下午去银行。

　　　现在我很少看电视，其中一个原因是，广告太多了，不管什么时间，也不管什么节目，只要你打开电视，总能看到那么多的广告，浪费我的时间。
　　　★ 他喜欢看电视广告。

现在开始第 1 题：

1. 锻炼身体一定要坚持，不能今天去操场跑了两圈，明天就决定放弃了，这样不会有好的效果的。
　　★ 坚持锻炼就会有好的效果。

2. 对不起，这个柜台只收现金，不能使用信用卡，请到 5 号或 7 号柜台，那边可以。
　　★ 5 号柜台不能使用信用卡。

3. 我本来想大学一毕业就考研究生，可是妈妈说现在工作不好找，别失去这次机会，我只好听妈妈的话了。
　　★ 他正在读研究生。

4. 这篇作文的题目一看就很吸引人，内容也比较丰富，语言描写得也非常生动。一个留学生能写出这么好的文章，真让人佩服啊！
　　★ 这个留学生的作文写得非常好。

5. 他选择女朋友的标准是：大眼睛，高鼻子，白皮肤，乐观，还有喜欢打篮球。
　　★ 他现在有女朋友。

6. 我寄出去的信被退了回来，正当我感到奇怪的时候，却发现原来是我写错了地址，结果被同事们笑话了一天。
　　★ 同事写错了地址。

7. 今天要不是你提醒我，我肯定会忘了开会的时间。

   ★ 他一开始忘了开会的时间。

8. 市内的房价太高了，郊区虽然便宜，但是有点儿远，不过我听说那儿要建地铁了，这样的话，在那儿买也行。

   ★ 他正在考虑卖房子。

9. 对面那家电影院现在和原来可不一样了，听小王说，那儿现在规模变大了，非常干净，还有空调，明天我们也去那儿看场电影吧。

   ★ 小王去过这家电影院。

10. 周秘书在电脑上制作了一个表格，可是她忘记保存，就把电脑关了。没办法，她不得不重新做了一个。

    ★ 这个秘书忘记了关电脑。

第二部分

一共 15 个题，每题听一次。

例如：女：该加油了。去机场的路上有加油站吗？

　　　男：有，你放心吧。

　　　问：男的主要是什么意思？

现在开始第 11 题：

11. 男：这么漂亮的蛋糕！今天是你的生日吗？

　　女：不，这是送给小刘的，他过生日。

　　问：今天谁过生日？

12. 女：老李，您的女儿在哪儿工作呢？

　　男：哪有那么快呀？还有一年她研究生才毕业呢！

　　问：老李的女儿怎么样？

13. 女：小周已经出国了？他怎么没通知大家呀？

　　男：他不想麻烦大家，再说，他很快就会回来的。

　　问：小周现在在哪儿？

14. 女：咱家的沙发还是我们结婚时买的呢，是不是应该换换了？

　　男：是啊，已经 10 年了。

　　问：他们结婚多长时间了？

15. 女：虽然小孙长得一般，可脾气好，人聪明、懂事，工作也好，我看他行。
    男：人家学历也高啊！
    问：根据对话可知小孙有什么缺点？

16. 女：你怎么才来啊？
    男：我好不容易才找到这儿。
    问：男的是什么意思？

17. 男：请问去"喜羊羊烤肉店"怎么走？
    女：一直走，别拐弯，看到必胜客再往东走50米就到了。
    问：男的可能想去吃什么？

18. 男：小李家的房子怎么样啊？
    女：非常不错。阳光好，面积也大，客厅布置得特漂亮，就是书房有点儿小。
    问：女的对小李家的房子哪一点不满意？

19. 男：妈，您看人家小海，从上到下穿的都是名牌……
    女：别比这些，你应该比学习。
    问：男的是什么语气？

20. 男：再去游一圈啊？
    女：不了，我有点儿累了。你去吧，我在上面等你。
    问：他们可能在做什么？

21. 男：这个皮箱的密码是多少来着？
    女：看你这记性，不就是儿子的生日吗？
    问：男的怎么了？

22. 女：真希望我将来的工作能够既轻松时尚，又可以挣很多钱。
    男：现实一点儿吧，能找到一份合适的就不错了！
    问：他们在谈论什么？

23. 男：请问，这里卖烟吗？
    女：一楼不卖。你到二楼电梯的右边，那里是烟酒区。
    问：什么地方可以买烟？

24. 男：妈，我那条牛仔裤洗完了吗？
    女：没呢，洗衣机坏了，我正联系人来修理呢。你先穿别的吧。
    问：男的牛仔裤为什么没洗？

25. 女：小明，洗完手要把水龙头关上。
　　男：知道了。
　　问：男的是什么意思？

第三部分

一共 20 个题，每题听一次。

例如：男：把这个材料复印 5 份，一会儿拿到会议室发给大家。
　　　女：好的。会议是下午三点吗？
　　　男：改了，三点半，推迟了半个小时。
　　　女：好，602 会议室没变吧？
　　　男：对，没变。
　　　问：会议几点开始？

现在开始第 26 题：

26. 女：你还记得我们的小学老师吗？
　　男：当然记得，个子高高的，瘦瘦的。
　　女：对，我昨天在公园里遇到他了。
　　男：他早就退休了吧？
　　女：是啊，现在都有孙子了。
　　问：女的看见了谁？

27. 女：小健，香蕉皮不能扔到地上，快点儿捡起来。
　　男：那我放在桌子上，行吗？
　　女：行，不过你最好扔到垃圾桶里，不然我还得收拾。
　　男：好吧。
　　问：小健最后把香蕉皮扔到哪儿了？

28. 男：这件衣服挺漂亮啊，一看就知道是大商场里的东西。
　　女：哪儿啊，是在小店里找到的，质量也不错。
　　男：怎么不去商场啊？
　　女：商场里的价钱在小店里能买三件。
　　问：女的为什么不在商场买？

29. 男：一个月不见，你怎么瘦了这么多？
　　女：工作太累了，天天都加班。
　　男：还以为你在减肥呢。
　　女：原来是这么打算的，可现在省钱了。

问：女的原来打算做什么？

30. 男：哟，都到了，菜点完了吗？
    女：差不多了，想吃的都要了。
    男：啤酒香鸭呢？
    女：好吃吗？
    男：最近我和朋友吃了两次，味道不错，你们也尝尝吧。
    问：男的建议点什么菜？

31. 男：这张合影已经好多年了吧？
    女：是啊，那时我刚出生。
    男：这是你妈妈吧？她真漂亮！
    女：哎，时间过得真快，30 年过去了，我觉得自己都老了！
    男：别这么说，你还很年轻！
    问：这张照片已经多少年了？

32. 男：最近几年，我的家乡变化很大，人们的生活比以前好多了。
    女：经济发展了，生活水平一定会提高的。
    男：不过，我家门前的那条河却没有以前那么干净了。
    女：是啊，现在环境污染是一个大问题。
    问：男的遗憾什么？

33. 女：这里的图书数量最多，种类最全。
    男：是新开的吗？
    女：不是，只不过这个楼是新盖的。
    男：文学类的书在哪边？
    女：跟我来，我对这儿特别熟悉。
    问：他们最有可能在哪儿？

34. 女：哟，小飞，买了这么多东西？
    男：晚上有场球赛，我一边吃，一边看。
    女：不是 27 号吗？
    男：你是不是糊涂了？仔细看看，不就是今天吗？
    问：球赛什么时候开始？

35. 女：慢点儿，路上有冰！
    男：胆小鬼！这多刺激啊！像拍电影！
    女：安全第一！如果这样，你以后还是别开了，免得我担心。

男：行了行了，我慢点儿就是了。

问：路面怎么样？

第 36 到 37 题是根据下面一段话：

在生活中，每一个朋友都可以成为你的老师，他们的热心、幽默、努力等都可以成为你学习的对象。同时，你也应该热心地帮助身边的每一个朋友，让他们了解你的优点，这样你也可以成为他们的老师。

36. 你可以学习朋友的什么？

37. 这段话主要告诉我们什么？

第 38 到 39 题是根据下面一段话：

这儿原来只有一家商店，东西卖得不仅贵，而且服务态度也很差，可是没办法，去别的商店需要走很远的路。现在不同了，附近又开了几家，这样有了竞争，他们变得一家比一家好了。

38. 说话人是谁？

39. 现在的商店怎么样？

第 40 到 41 题是根据下面一段话：

水是我们生活中不可缺少的东西，可是你知道吗？水的好坏对身体有很大的影响。受到了污染的水对我们的身体有害，所以，我们要尽量喝没有受到污染的干净的水。

40. 水在我们的生活中怎么样？

41. 我们应该喝什么样的水？

第 42 到 43 题是根据下面一段话：

小李，你这么晚才回来！我已经等了你很长时间了。快过来坐下，我想和你谈谈。小李，你和刘芳的事准备得怎么样了？什么时候去拍结婚照啊？日子已经选好了，饭店有没有订下来啊？我得准备通知亲戚和朋友啊！

42. 说话人最可能在哪儿？

43. 小李和刘芳要做什么？

第 44 到 45 题是根据下面一段话：

这么多年来，学生们给我带来了很多快乐。比如说，由于工作忙，我常常忘记自己的生日，可是他们会记得，并陪我过生日；当我生病的时候，是他们关心我、照顾我。我想，我一辈子都不会后悔从事这个职业的。

44. 说话人是做什么的？

45. 说话人心情怎么样？

听力考试现在结束。

HSK（四级）模拟试卷 **7**

第一部分

一共 10 个题，每题听一次。

例如：我想去办个信用卡，今天下午你有时间吗？陪我去一趟银行？
　　　★ 他打算下午去银行。

　　　现在我很少看电视，其中一个原因是，广告太多了，不管什么时间，也不管什么节目，只要你打开电视，总能看到那么多的广告，浪费我的时间。
　　　★ 他喜欢看电视广告。

现在开始第 1 题：

1. 我昨天买的苹果，今天全吃光了。
　　★ "我" 把苹果都吃了。

2. 下一站是北方公园，有在北方公园下车的乘客请提前做好准备。
　　★ 北方公园到了。

3. 南方很少下雪，这次来北方出差，第一次看见这么大的雪，我非常兴奋。
　　★ 南方从来不下雪。

4. 无论是谁都不要总是忙于工作，要尽量抽出一些时间陪陪家人和朋友。
　　★ 要尽量抽出时间与家人和朋友在一起。

5. 妈妈是上海人，因为工作的关系来到了东北，她现在已经在这儿生活 30 多年了。
　　★ 妈妈今年 30 多岁。

6. 麦克很爱玩儿，常常这个周末还没过完，就开始安排下个周末的活动了。
　　★ 下个周末麦克没有活动。

7. 如果你喜欢这首歌，可以买张光盘，也可以直接从网上付费下载，特别方便。
　　★ 从网上下载歌曲很方便。

8. 以前的两次汉语水平考试，对我来说有点儿难，但这次难度更大了，特别是语法部分。
　　★ "我" 觉得这次考试不太难。

9. 昨天晚上我把朋友送上火车后已经很晚了，那时候已经没有公共汽车和地铁了，所以我只好打的回家。
   ★ "我"是坐出租车回家的。

10. 我很喜欢花儿，可是不知道为什么，每次买回来，养不长时间花儿就死了。
    ★ "我"不会养花儿。

第二部分

一共 15 个题，每题听一次。

例如：女：该加油了。去机场的路上有加油站吗？
　　　男：有，你放心吧。
　　　问：男的主要是什么意思？

现在开始第 11 题：

11. 男：妈妈，我想洗个澡。
　　女：等一会儿再洗吧，热水器里的水还没热呢。
　　问：女的是什么意思？

12. 女：小张，我这个月的钱好像有点儿问题，是不是没发加班费？
　　男：对不起，可能是我忘了，下个月再给你补上吧。
　　问：女的这个月的钱怎么了？

13. 女：小刚，快点儿走啊，同学们都等你呢。
　　男：班长，我感冒了，这次扫雪我能不能不去啊？
　　问：同学们要去干什么？

14. 男：你怎么会喜欢上他呢？你找男朋友的标准不是挺高的吗？
　　女：别看他长得不怎么样，学历还是挺高的。
　　问：女的对男朋友哪个方面满意？

15. 男：慧美，你有什么吃的吗？我饿了。
　　女：巧克力，你吃吗？我刚跟李丽要的。
　　问：现在谁有巧克力？

16. 女：别听小王的，要是容易，人家早就自己当老板了。
　　男：放心吧，我虽然经验不足，但还不至于像他那么笨。
　　问：男的觉得自己怎么样？

17. 男：我帮了她，她不但不感谢我，反而说我不好。
    女：她怎么能这样呢？
    问：女的是什么意思？

18. 男：你怎么了？脸色这么不好？
    女：别提了，刚才在门口碰到一只狗，它突然向我跑过来，差点儿没把我吓死。
    问：女的怎么了？

19. 女：小桐，想不想看看我新买的车？
    男：你的驾驶证不是昨天才下来的吗？怎么这么快就买车了？
    问：男的的话是什么意思？

20. 女：您是小强的爸爸吧？今天找您来，是因为小强昨天又跟同学打架了。
    男：这孩子太不听话了，我回去一定好好教育他。
    问：说话人大概是什么关系？

21. 女：她怎么能这么不讲道理呢？我要去问问她。
    男：你去不但解决不了问题，反而会使你们的关系更糟糕。
    问：男的是什么意思？

22. 男：服务员，有热水吗？
    女：对不起，12点以后就不提供热水了。不过，房间里有免费的矿泉水。
    问：对话大概发生在哪儿？

23. 男：今天下午我要去一趟公安局，我的护照还有一个月就到期了。
    女：那你可得快点儿去，不然就赶不上去欧洲旅游了。
    问：男的今天下午要去哪儿？

24. 男：周末我们去酒吧吧，听说有很多留学生去那里练习口语。
    女：我还是喜欢茶馆的气氛，想练习口语，约几个中国朋友一起去，不是更好吗？
    问：女的是什么意思？

25. 男：您知道书店在哪儿吗？
    女：你跟我一起走吧，我要去商店买衣服，正好路过书店。
    问：女的想告诉男的什么？

第三部分

一共 20 个题，每题听一次。

例如：男：把这个材料复印 5 份，一会儿拿到会议室发给大家。
　　　女：好的。会议是下午三点吗？
　　　男：改了，三点半，推迟了半个小时。
　　　女：好，602 会议室没变吧？
　　　男：对，没变。
　　　问：会议几点开始？

现在开始第 26 题：

26. 男：快点儿收拾吧，来不及了。
　　女：急什么？还有一个小时呢。
　　男：现在已经 8 点了，打的也得半个多小时才能到呢，再说，我们和小李
　　　　约好 8 点 45 在车站见面。
　　女：那好，我马上就完事。
　　问：他们的火车可能是几点的？

27. 女：请问，王龙是在这儿住吗？
　　男：是啊，他现在不在家。您是……？
　　女：我是他姐姐。我以前怎么没见过你呀？
　　男：我是他大学同学，刚搬来的。现在跟他合租这个房子。
　　问：女的跟王龙是什么关系？

28. 女：大强，生意做得怎么样啊？
　　男：刚开始还行，现在是越做越赔钱！还比不上我在学校的时候呢！
　　女：那就回去吧，虽然挣得不多，可省心啊。
　　男：是啊，我现在想清楚了。
　　问：男的原来可能是做什么的？

29. 女：你看什么呢？笑得这么开心。
　　男：动画片，你也来看吧。
　　女：我没时间，还得做饭呢。你什么时候开始喜欢儿子看的节目了？
　　男：谁说只有孩子才能看呀？这个动画片大人也能看。
　　问：说话人是什么关系？

30. 男：你妹妹打算什么时候回老家？

女：还定不下来，她说火车票和汽车票都不好买。
男：要不然你就给她买张飞机票吧。
女：那也太贵了。还是等等吧。
问：女的是什么意思？

31. 男：咦，天怎么阴了呢？是不是要下雨呀？
女：天哪，我的被子还在外边晒着呢。
男：那你快点儿回去吧。
女：我还是给同屋打个电话吧，让她帮我收一下。
问：女的有什么办法？

32. 女：明天是您和妈妈的结婚纪念日，您送她什么礼物啊？
男：给她钱怎么样？让她想买什么就买什么。
女：那不一样，您还是给她买个礼物吧。
男：那你替我买一束花儿吧。
问：男的要送妻子什么礼物？

33. 男：听说邮局旁边新开了一家健身中心，挺好的，你去了吗？
女：去了，还不错，我正在考虑办一张年卡呢。
男：你这么忙，能常去吗？
女：也是，谢谢你提醒我，不然又白花钱了。
问：女的最后是怎么决定的？

34. 男：天这么好，你拿把伞去哪儿呀？
女：出去逛逛。中午太热，我怕晒黑了。
男：人家年轻人还都喜欢晒得黑一点儿呢，那叫健康！
女：我要是那样，还不难看死了呀？
问：女的出去的时候为什么打着伞？

35. 男：听说中国人很热情，每次请客吃饭都点很多菜。
女：嗯，是跟我们不一样。
男：那吃不完不是太浪费了吗？
女：没关系，可以打包。
问："打包"是什么意思？

第36到37题是根据下面一段话：
毕业离校之前，很多学生都把用不着的东西拿出去卖，什么书啊、本啊、学习机啊，甚至还有衣服、裤子什么的。每当这个时候，宿舍楼外面都显得非常热闹。

36. 学生们在做什么？
37. 这种事发生在哪儿？

第 38 到 39 题是根据下面一段话：

许多年轻女孩子为了减肥，往往不吃早餐，只吃一点儿水果和蔬菜。营养学家认为，这样长时间不吃早餐，会缺乏营养，还容易引起很多疾病。

38. 很多女孩子用什么方法减肥？
39. 经常不吃早餐会怎么样？

第 40 到 41 题是根据下面一段话：

这几年，我们经常会听到或看到明星自杀的新闻，这让很多人都不能理解。在普通人眼中，明星既可以得到很多人的喜爱，又可以赚很多钱，非常令人羡慕。其实，明星也有很多痛苦、无奈，还有别人不能想象的压力。

40. 根据这段话，当明星的好处有哪些？
41. 明星面临什么样的问题？

第 42 到 43 题是根据下面一段话：

北京的张先生到哈尔滨出差，本来准备去中央大街看看，可没想到被路边的一家书店吸引了。书店很大，环境也好，读书的人很多。张先生看到了自己喜欢的一本书，并认真地读了起来，两个小时过去了，他才走出那个书店。

42. 张先生为什么改变了主意？
43. 张先生什么时候离开那里的？

第 44 到 45 题是根据下面一段话：

王小宇在这次数学比赛中得了第一名。他平时学习就很认真，而且还喜欢帮助别人。作为他的同学，我应该向他学习，争取在明年的比赛中也能取得好成绩。我希望能和他一样，成为各个方面都非常优秀的学生。

44. 说话人是什么样的心情？
45. 关于说话人，可以知道什么？

听力考试现在结束。

HSK（四级）模拟试卷 *8*

第一部分

一共 10 个题，每题听一次。

例如：我想去办个信用卡，今天下午你有时间吗？陪我去一趟银行？
　　　★ 他打算下午去银行。

　　　现在我很少看电视，其中一个原因是，广告太多了，不管什么时间，也不管什么节目，只要你打开电视，总能看到那么多的广告，浪费我的时间。
　　　★ 他喜欢看电视广告。

现在开始第 1 题：

1. 你好，我想买一本刘小平的小说《蓝色的梦》，请问这儿有吗？
　　★ 他在书店。

2. 我的一个朋友拍了很多照片放在了他的博客里，还告诉我去看看。
　　★ 朋友让我看他的文章。

3. 农历八月十五是中国的传统节日——中秋节，这一天人们都要吃月饼。
　　★ 中秋节人们要吃月饼。

4. 王明，恭喜你考上了研究生！你是不是该请客了？
　　★ 王明现在在请客呢。

5. 刘丽，我们看了那部电视剧，你演的人民警察给我们留下了很深的印象。
　　★ 刘丽是一名优秀的警察。

6. 我的签证办下来了，打算 22 号出发，明天就得去买飞机票了。
　　★ "我" 22 号去买飞机票。

7. 春天吃东西应该清淡一些，要多吃新鲜蔬菜和水果，少吃肉和辣的，尤其要少喝酒。
　　★ 春天不能吃辣的。

8. 我刚从北京回来，这次不仅参观了许多旅游景点，还尝到了很多当地的小吃。
　　★ "我" 准备去北京旅游。

9. 传说猫有九条命，不容易死，这么说主要是因为猫的平衡能力强，即使从很高的地方掉下来也不容易受伤。

★ 猫的平衡能力很好。

10. 感冒是最常见的疾病，要想预防感冒，就要有充足的时间休息，加强锻炼，并且保持个人及环境卫生。

★ 只要锻炼身体就不会感冒。

第二部分

一共 15 个题，每题听一次。

例如：女：该加油了。去机场的路上有加油站吗？
　　　男：有，你放心吧。
　　　问：男的主要是什么意思？

现在开始第 11 题：

11. 女：王飞，你怎么这么高兴？
　　男：我今天拿到了第一份工资，能不乐吗！
　　问：男的为什么高兴？

12. 男：你什么时候过生日啊？
　　女：我呀，已经吃过今年的生日蛋糕了！
　　问：女的是什么意思？

13. 男：你在找什么？把抽屉弄得这么乱！
　　女：王丽的电话号码不知道让我记在哪儿了。
　　问：女的在找什么？

14. 男：我今天没有时间接孩子，你下了班去接一下吧。
　　女：行，正好我今天不忙。
　　问：男的为什么不能接孩子？

15. 女：哎呀，小明，你家的鸟儿跟我说话了！
　　男：那有什么奇怪的？它还会唱歌呢！
　　问：谁会唱歌？

16. 女：杨教授，听说您要去国外讲学，什么时候出发？
    男：签证还没办完呢，日期定不下来呀。
    问：杨教授什么时候去国外？

17. 女：明天我们去玩儿玩儿吧，你已经忙了一个月了。
    男：是该放松放松了。
    问：男的是什么意思？

18. 女：考试结束了，你怎么看起来一点儿也不轻松啊？
    男：今天的题太多了，有两道还没看呢，时间就到了！
    问：男的怎么了？

19. 女：你喜欢灰太狼吗？
    男：不喜欢。不过，这部动画片倒是很有意思。
    问：他们在谈论什么？

20. 女：明天你陪我去买衣服吧。
    男：明天上午我有一个重要的会议，下午我们再去吧。
    问：他们明天一起做什么？

21. 女：红灯、红灯，快，停，停！多危险啊！
    男：不好意思，刚才我没注意！
    问：对话可能发生在哪儿？

22. 女：苹果一斤两块二，您要买五斤以上就两块钱一斤。
    男：那我买六斤吧。
    问：一共多少钱？

23. 女：天这么热，下午跟我一起去游泳吧。
    男：不行，我的签证要到期了，我得去办延期。
    问：下午男的可能会做什么？

24. 男：天阴了，估计要下雨，我看你就别走了。
    女：那好吧，我明天再走。
    问：根据对话，下列哪一项是对的？

25. 男：在这儿喝点儿咖啡，怎么样？
    女：我们还是换一个地方吧，这儿的咖啡，一杯就一百八！
    问：女的是什么意思？

第三部分

一共 20 个题，每题听一次。

例如：男：把这个材料复印 5 份，一会儿拿到会议室发给大家。
　　　女：好的。会议是下午三点吗？
　　　男：改了，三点半，推迟了半个小时。
　　　女：好，602 会议室没变吧？
　　　男：对，没变。
　　　问：会议几点开始？

现在开始第 26 题：

26. 男：你觉得哪里不舒服？
　　 女：我牙疼。
　　 男：张开嘴，我看一下，是这颗牙吗？
　　 女：是！
　　 问：对话可能发生在哪儿？

27. 女：吃饭了！别玩儿了。
　　 男：我刚玩儿了一会儿。
　　 女：你都坐在电脑前一上午了，还说一会儿？
　　 男：再给我一分钟就行。
　　 问：男的可能正在做什么？

28. 男：我想换套新家具，可是那家商场的东西太贵了！
　　 女：你可以打折的时候再去买啊。
　　 男：那得等到什么时候啊？
　　 女：下周他们就有优惠活动，你可以去看看。
　　 问：女的建议男的什么时候去买？

29. 男：你怎么哭了？
　　 女：我养的那只小狗死了！
　　 男：哦，怪不得，但是你也别太难过了。
　　 女：养了一年多，死了，能不难过吗？
　　 男：小动物都不好养。
　　 问：女的为什么哭？

30. 男：快到元旦了，你有什么计划吗？
　　女：我正和几个朋友商量着哪天出去聚聚呢。你有什么打算？
　　男：还没想好呢。
　　女：要不你参加我们的聚会吧。
　　问：什么节日快到了？

31. 男：请问，李老师在吗？
　　女：在，请进。
　　男：我想让老师帮我指导一下论文。
　　女：好，你稍等一下。
　　问：关于男的，我们可以知道什么？

32. 男：你不是说他不错吗？怎么又分手了？
　　女：别提了，他不但没有房子，而且学历也低。
　　男：房子以后慢慢买呗，本科学历也足够了呀。
　　女：可是，可是他的个子也不高啊。
　　问：哪个条件女的没说？

33. 男：你有小明的邮箱吗？
　　女：我给你看看。
　　男：麻烦你快点儿，我有一份材料需要马上给他。
　　女：我找到了，给你。
　　问：男的怎么了？

34. 女：先生，您要买手机吗？
　　男：现在哪款卖得比较好？能不能给我推荐一下？
　　女：这款是今年新出的，现在很受欢迎，特别流行。
　　男：还有别的颜色吗？
　　女：别的都卖完了，只剩下这一种颜色了。
　　问：根据对话我们知道这款手机怎么样？

35. 男：各位朋友，下午好！欢迎大家来沈阳游玩！
　　女：沈阳有哪些好玩儿的地方？
　　男：沈阳的名胜古迹很多，有"一宫两陵""大帅府"等。
　　女：沈阳有什么好吃的吗？
　　男：当然有了，"老边饺子""马家烧麦"等都很有名。
　　问：男的是做什么的？

第 36 到 37 题是根据下面一段话：

　　作为一名教师，要懂得培养学生的学习兴趣，因为兴趣是最好的老师。当学生对一门功课感兴趣时，即使遇到了难题，也会想办法去解决。如果不感兴趣，再容易理解的问题，也不愿意去思考。

　　36. 做自己喜欢的事会感到：

　　37. 这段话主要告诉我们什么？

第 38 到 39 题是根据下面一段话：

　　绿色植物能够净化空气，美化环境，还能使人心情愉快，精神放松。所以很多人都喜欢把绿色植物买回家去，摆放在卧室和客厅里，既能够装饰，又有利于健康。

　　38. 根据这段话，很多人喜欢在房间里放什么？

　　39. 房间里摆放这些东西不会怎么样？

第 40 到 41 题是根据下面一段话：

　　以前这个地方是一个大市场，虽然很热闹，但是环境比较差。前几年政府决定进行城市改造，将这儿变成了一个公园。现在这里到处是鲜花和绿草。每到周末，许多人就会和家人、朋友一起来这里散步、游玩。

　　40. 原来这儿是什么地方？

　　41. 现在有什么变化？

第 42 到 43 题是根据下面一段话：

　　一个人是否能够获得成功，主要是看他对人生的态度。成功的人始终用积极的思考、乐观的精神和宝贵的经验去指导自己的人生。失败者却正好相反，他们总是被过去的失败影响着，不能积极地面对未来。

　　42. 获得成功的关键是：

　　43. 成功者是怎样面对人生的？

第 44 到 45 题是根据下面一段话：

　　语文中的口头作业一般是指朗读课文或表达练习，孩子往往不重视。因此需要家长帮助老师检查孩子的完成情况，以便发现他们学习上的问题，从而提高孩子们的语言表达能力。

　　44. 根据这段话可知孩子不重视什么？

　　45. 根据这段话，家长应该做什么？

听力考试现在结束。

HSK（四级）模拟试卷 *9*

第一部分

一共 10 个题，每题听一次。

例如：我想去办个信用卡，今天下午你有时间吗？陪我去一趟银行？
　　　★ 他打算下午去银行。

　　　现在我很少看电视，其中一个原因是，广告太多了，不管什么时间，也不管什么节目，只要你打开电视，总能看到那么多的广告，浪费我的时间。
　　　★ 他喜欢看电视广告。

现在开始第 1 题：

1. 每次出差，小张都坐火车，因为火车不仅车票便宜，而且安全、舒服。
　　★ 小张喜欢坐火车出差。

2. 听说附近的那家商场在打折，下午我们去那里看看吧，也许能买到便宜的东西。
　　★ 他们下午要去打篮球。

3. 心情不好的时候，可以到公园里去散散步，或者跟朋友聊聊天儿，也许你的心情就会好起来。
　　★ 心情不好的时候可以出去散步。

4. 飞机两个小时以后就要起飞了，再不出发我们就赶不上飞机了！快点儿收拾东西吧！
　　★ 飞机已经起飞了。

5. 妈妈，下午我不能去奶奶家了，刚才公司来电话，说有急事，我现在得去公司一趟，您自己去奶奶家吧，路上注意安全！
　　★ "我"下午不去奶奶家。

6. 老师留的作业太难了，我在图书馆看了一整天的书，也没有找到需要的资料，现在作业还没写完呢。
　　★ 他已经写完作业了。

7. 今天阳光真不错，一点儿风也没有，正好下午没课，我们一起去打羽毛球吧。
　　★ 今天风很大。

8. 听说办理电影院的会员卡，看电影可以打五折，能便宜很多呢，这周末我也去办一张。
   ★ "我"已经办了电影院的会员卡。

9. 小王的手机坏了，我下午要陪他去修手机，明天我再陪你去商场买衣服吧。
   ★ 下午"我"和小王一起去修手机。

10. 我很喜欢这种新出的饮料，是葡萄味儿的，特别好喝，来，给你一瓶尝个新鲜吧！
    ★ 这种饮料是新出的。

第二部分

一共 15 个题，每题听一次。

例如：女：该加油了，去机场的路上有加油站吗？
　　　男：有，你放心吧。
　　　问：男的主要是什么意思？

现在开始第 11 题：

11. 男：小姐，你好！我是 203 房间的客人，我忘带房卡了。
    女：没关系，请拿出您的证件，我们的服务员会为您开门的。
    问：男的为什么进不去房间？

12. 男：现在买火车票还需要身份证，太麻烦了。
    女：这样才更安全啊，而且车票上还有你的名字和部分身份证号码呢。
    问：火车票上有什么东西？

13. 女：喂，你在哪儿啊？怎么不接电话呢？
    男：我现在在家呢，刚才出去买东西了，没带电话。
    问：男的现在在哪儿？

14. 男：你好！我要买一张下周五去海南的机票。
    女：对不起，下周五的票已经卖完了。
    问：对话可能发生在哪儿？

15. 女：今年夏天的天气太不正常了。
    男：是啊，北方倒比南方热。我前几天刚从南方回来。
    问：今年夏天怎么样？

16. 男：小王，你不是说减肥吗？怎么还胖了呢？
    女：我丈夫这个月休假，有人照顾，我能不胖嘛。
    问：女的为什么胖了？

17. 女：小张，你今天脸色看起来很不好，生病了吗？
    男：没生病，就是昨天晚上着急写一份文件，只睡了两个小时。
    问：男的昨天晚上睡了几个小时？

18. 女：咱们现在就把过年的礼物给孩子们吧，看他们急的。
    男：不着急，现在还没到时候。
    问：男的为什么现在不给孩子礼物？

19. 男：前两天，小王和小张离婚了。
    女：什么？他们不是两个月前才结的婚吗？
    问：女的是什么态度？

20. 女：先生，你觉得这个房子怎么样？
    男：交通很方便，我觉得挺好的，就是有点儿贵。
    问：男的对房子的哪方面不满意？

21. 女：老公，我的皮肤越来越不好了，是不是我老了啊？
    男：我可不知道，我只知道天天不睡觉玩儿游戏，皮肤肯定会不好。
    问：女的的皮肤为什么不好了？

22. 男：请问办理信用卡需要什么证件吗？
    女：是的，需要您准备好本人的身份证。
    问：对话可能发生在哪里？

23. 男：啊，外面下雪了！
    女：雪下得真大啊。你今天别开车上班了，还是坐地铁更安全。
    问：对话可能发生在什么时候？

24. 男：你在网上买的衣服送来了，快打开看看满意吗？
    女：衣服终于到了，我第一眼看见这件衣服的时候就特别喜欢。啊，颜色怎么这么深？和网上的图片不一样，一点儿也不好看。
    问：女的现在是什么心情？

25. 男：我想买一本词典，可是书店已经卖光了。
    女：你可以去网上买，既便宜又方便。
    问：他们在谈论什么？

第三部分

一共 20 个题，每题听一次。

例如：男：把这个材料复印 5 份，一会儿拿到会议室发给大家。
　　　女：好的。会议是下午三点吗？
　　　男：改了，三点半，推迟了半个小时。
　　　女：好，602 会议室没变吧？
　　　男：对，没变。
　　　问：会议几点开始？

现在开始第 26 题：

26. 男：小王今天上体育课的时候受伤了。
　　女：严重吗？
　　男：已经去医院了，医生说需要住院。
　　女：这大夏天的，肯定挺难受的。
　　问：小王现在在哪儿？

27. 男：今天晚饭吃什么？
　　女：吃饺子，怎么样？
　　男：太好了！我最爱吃饺子了，可我也不会包饺子啊，那我就负责吃饺子吧。
　　女：好，你可要多吃一点儿。
　　问：男的会做什么？

28. 男：小李，论文写得怎么样了？
　　女：刚刚写了个开头，最近一直在整理材料。
　　男：整理材料很重要，但是最重要的是要有自己的想法。
　　女：是啊，我会尽我最大的努力写好论文的。
　　问：男的认为写论文最重要的是什么？

29. 女：先生，这边请。
　　男：我不太喜欢坐在门口，中间的那个位置可以吗？
　　女：对不起，先生，那里已经有人了。
　　男：那我去靠窗的位置吧。
　　女：好的，请。
　　问：男的准备坐在哪个位置上？

30. 女：走过的路过的，快来看看！新口味的牛奶，现在买便宜多多，可以试吃哦！
    男：多少钱一盒？
    女：原价十元，现在买打八折，每盒便宜两元钱。
    男：好，我买两盒。
    问：现在牛奶多少钱一盒？

31. 男：你看见我经常看的那本杂志了吗？怎么找不到了？
    女：是蓝皮儿的吗？在桌子上放着呢。
    男：不是那本，我说的是红皮儿的。
    女：哦，我把它放在书架上了。
    问：男的要找的杂志在哪里？

32. 男：已经是十一月了，难得这样暖和。
    女：是啊，去年这时候都下雪了。
    男：这么好的天气，今天我们去爬山怎么样？
    女：我也想去，可是我还有工作没做完呢，明天再去吧。
    男：好吧，明天早上我去找你。
    问：女的今天为什么不能去爬山？

33. 男：我觉得照人太乱，只照风景好，过几年拿出来一看，就像又到了那个地方一样。
    女：嗯——我还是喜欢照人，没有人，我觉得就没有生命力。
    男：谁说的，那些山、水、花、草，也有生命力啊。
    女：那还不如买明信片呢。还是照人有意思，能看出一个人的变化。
    问：他们在谈什么？

34. 女：你怎么喝这么多酒，有什么不开心的事儿吗？
    男：开心，我今天特别开心，所以才喝多了。
    女：有什么好事儿？跟我说说。
    男：我等了三年，终于当上经理了，我太高兴了！
    女：真的？那恭喜你了。
    问：男的为什么喝酒？

35. 男：请问，你们这儿有红色的毛衣吗？
    女：对不起，已经卖完了。不过，我觉得还是黑色的适合您。
    男：我是帮我儿子买的。
    女：哦，那您可以看看这件蓝色的。
    问：他们可能在哪儿？

第 36 到 37 题是根据下面一段话：

小王，你参加工作到现在已经半年了，已经逐渐熟悉了我们的工作环境和公司情况，也确实取得了一些成绩，但是离公司的要求还有一段距离，希望你继续努力，我们相信你一定能够成功！

36. 说话人可能是谁？
37. 说话人觉得小王怎么样？

第 38 到 39 题是根据下面一段话：

教育要从孩子抓起，家长们也越来越重视孩子的学习。特别是上了中小学以后，除了平时的上课以外，晚上或者放假的时候还要让孩子补课，以前的孩子上学真的会感觉很累。可是，最近国家有了新的规定，不仅减轻了学生的作业负担，而且也不允许放假的时候让学生在学校补课。

38. 以前的孩子上学会有什么感觉？
39. 国家新规定与以前有什么不同？

第 40 到 41 题是根据下面一段话：

我来自俄罗斯，现在在北京学习汉语。我最喜欢的一句中国话是"坚持就是胜利"。虽然我才来中国两年，但现在我已经能说一口流利的汉语了，因为我每天都坚持学汉语，做好预习和复习。其实，我认为学习汉语最好的方法就是跟中国人交朋友，多和中国人沟通。

40. 关于说话人，下面哪项不对？
41. 说话人认为学习汉语最好的方法是什么？

第 42 到 43 题是根据下面一段话：

中华人民共和国全国运动会简称"全运会"，是中国国内水平最高、规模最大的综合性运动会，首届全运会是 1959 年在北京举行的。全运会每四年举行一次，一般在奥运会结束后一年举行。2013 年第十二届全运会是在辽宁省举行的。

42. 全运会每几年举行一次？
43. 2013 年的全运会是在哪里举行的？

第 44 到 45 题是根据下面一段话：

随着互联网的不断发展，越来越多的人使用电脑打字，因此人们手写汉字的能力下降了。面对这种情况，中央电视台推出了一个特别的比赛活动——《中国汉字听写大会》。这个节目的播出时间为每周五晚上八点，里面出现的汉字都是不容易分清楚、难读、难写和不经常使用的汉字。

44.《中国汉字听写大会》的播出时间是星期几？
45. 关于比赛中出现的汉字的特点，下面哪项不对？

听力考试现在结束。

HSK（四级）模拟试卷 **10**

第一部分

一共 10 个题，每题听一次。

例如：我想去办个信用卡，今天下午你有时间吗？陪我去一趟银行？
　　★ 他打算下午去银行。

　　现在我很少看电视，其中一个原因是，广告太多了，不管什么时间，也不管什么节目，只要你打开电视，总能看到那么多的广告，浪费我的时间。
　　★ 他喜欢看电视广告。

现在开始第 1 题：

1. 现在的年轻人愿意自己开车去旅行，而不是跟旅游团一起旅行，因为这样可以自己安排时间。
　★ 年轻人愿意跟旅游团一起旅行。

2. 这家商店的衣服怎么不打折啊？咱们再去别的店看看，也许会有便宜一点儿的。
　★ 这家商店的衣服不打折。

3. 很多在办公室工作的人，需要长时间坐在椅子上，长时间对着电脑，如果不注意运动，就很容易生病。
　★ 在办公室工作的人身体好。

4. 每天坚持锻炼身体的人，不仅工作、学习的效果好，而且心情也会变得愉快。
　★ 锻炼身体会让心情变好。

5. 上网买衣服只能看，不能试，因此，虽然方便、便宜，但是买回来的衣服不是太大就是太小，总是不太合适。
　★ 上网买衣服不方便。

6. 王明，去机场之前，一定要仔细检查是不是带上了所有的东西，尤其是护照，千万别像上次一样忘了带。
　★ 王明上次带护照了。

7. 东边的房间到了下午就没有阳光了，我还是想要一个上午和下午都有阳光的。
　★ 男的想要东边的房间。

8. 每个人都有缺点，但是不管怎么样，你总会有你的优点，让别人喜欢你。
   ★ 别人喜欢你的缺点。

9. 司机，请您不要吸烟好吗？车上还有小孩子呢，受不了这么大的烟味儿。
   ★ 司机正在抽烟。

10. 住在高楼里的人，最怕停电，一停电就不能用电梯，上下楼全都要走楼梯，尤其到了夏天，又热又累。
    ★ 住在高楼里的人最害怕停电。

第二部分

一共 15 个题，每题听一次。

例如：女：该加油了。去机场的路上有加油站吗？
　　　男：有，你放心吧。
　　　问：男的主要是什么意思？

现在开始第 11 题：

11. 男：明天的研讨会，您能来参加吗？
　　女：能，在什么地方？
　　问：女的想知道什么？

12. 女：都七点了，你怎么才来？
　　男：电影不是还没开始呢吗？
　　问：女的是什么意思？

13. 男：你听，这个音乐怎么样？
　　女：好听。你把声音关小一点儿，周围的人都在睡觉，别打扰他们。
　　问：女的在干什么？

14. 女：大夫，我的病严重吗？
　　男：别担心，你的头疼是工作压力大引起的，回去好好儿休息。
　　问：关于女的，下列哪项不对？

15. 男：你怎么带着旧塑料袋去超市？超市里不是有新的吗？
　　女：新的不是免费的，这个虽然看上去有点儿旧，但质量很好，不用再花钱买了。
　　问：女的为什么要带塑料袋去超市？

16. 女：哎！怎么每天都堵车！是因为马路太少了还是太窄了？
    男：你说的都对，但最关键的是车太多。
    问：关于堵车的原因，下列哪项不对？

17. 男：我一会儿要去超市，顺便去邮局寄点儿东西，你跟我一起去吗？
    女：我饭还没做完呢。对了，你去超市帮我带一盒饼干吧。
    问：女的现在在做什么？

18. 女：喂，你下午几点到？我请个假去机场接你。
    男：不用特意来接我，我东西不多，自己拿得动。
    问：男的是什么意思？

19. 男：哎，你看！这不是前几天我们在餐厅里见过的王小姐吗？她竟然是一位作家，报纸上还介绍过她呢！
    女：我就知道她不一般，否则不会给我留下那么好的印象。
    问：关于王小姐，下列哪项对？

20. 女：我听说小张有女朋友了，特别漂亮，你见过吗？怎么样？
    男：见过一次，长得确实不错，可是据说她一不高兴就发脾气。
    问：关于小张的女朋友，下列哪项对？

21. 男：你现在忙吗？有时间把前天在海边照的照片给我发过来。
    女：我正在外面散步，暂时不能发给你，等会儿回家再发给你。
    问：女的什么时候能发照片？

22. 女：这道题这么简单，你怎么还能做错呢？赶快改过来！
    男：哎呀，是我太马虎，看错题了，下次一定认真做。
    问：他们俩最有可能是什么关系？

23. 男：听说你昨天应聘成功了，祝贺你！
    女：谢谢，不过我恐怕以后要比现在更忙了。
    问：关于女的，可以知道什么？

24. 女：我想换一台洗衣机，你知道哪种好吗？
    男：我不常用洗衣机，不太清楚，要不你先去商场看看，多了解一下。
    问：男的让女的干什么？

25. 男：谢谢你们的邀请，今天的活动真是太精彩了！
    女：您太客气了，您能亲自来参加我们的活动，我们所有人都很感动。
    问：男的觉得活动怎么样？

一共 20 个题，每题听一次。

例如：男：把这个材料复印 5 份，一会儿拿到会议室发给大家。
　　　女：好的。会议是下午三点吗？
　　　男：改了，三点半，推迟了半个小时。
　　　女：好，602 会议室没变吧？
　　　男：对，没变。
　　　问：会议几点开始？

现在开始第 26 题：

26. 男：马路对面开了家新的咖啡馆，我们去坐坐吧。
　　 女：我昨天去过了，环境很好，咖啡味道也不错，就是人太多。
　　 男：今天周末，估计人更多。
　　 女：对，要是想去的话，咱们改天再去吧。
　　 问：女的觉得那家咖啡馆怎么样？

27. 女：好久不见，最近在忙什么呢？
　　 男：我在忙着办出国手续呢。
　　 女：你国内的工作不是挺好的吗？怎么突然想出国留学了？
　　 男：你误会了，我是去国外的学校访问。
　　 问：男的为什么要出国？

28. 女：先生，这件蓝色的衣服很适合您，穿上它，您看上去又高又帅。
　　 男：谢谢！可是袖子长了点儿，我再试试别的吧。
　　 女：这件黑色的怎么样？
　　 男：我先试试再说吧。
　　 问：男的觉得这件蓝色的衣服怎么样？

29. 男：明天我们去动物园吧，听说有表演。
　　 女：好主意，我一直想去，但没找到合适的机会。
　　 男：那明天我们坐地铁去吧，地铁很方便。
　　 女：好！我们早点儿去，八点半地铁站见。
　　 问：他们明天在哪儿见面？

30. 女：爸，咱们快走吧，都十一点半了！
　　 男：着什么急，我们九点才吃完早饭，现在又不饿。

女：我不是跟您说了吗？那家餐厅人多，要先去排队。

男：那可要赶快走，估计排到我们的时候，我们已经饿了。

问：关于他们，下列哪项对？

31. 男：怎么样？感觉好些了吗？

    女：吃了药，出了一身汗，感觉好多了。

    男：以后要注意，身体稍微不舒服时，就马上多喝热水。

    女：是，刚感冒的时候，及时喝热水，连药都可以不用吃了。

    问：女的怎么了？

32. 女：你猜，照片上站在左边的女孩儿是谁？

    男：高高的个子，大大的眼睛，当然是你了。

    女：我就知道你一定会猜错，左边的是我姐姐，中间的这个才是我。

    男：你们两个长得太像了！

    问：关于姐姐，下列哪项不对？

33. 男：这儿变化太大了，以前没有这么多商场和餐厅，都快认不出来了。

    女：你不是从小在这儿长大的吗？

    男：我是在这儿出生的，不过六岁的时候就搬走了。我带你去看看我住过的地方吧。

    女：你还能找到吗？

    问：关于男的，下列哪项不对？

34. 女：办公室的电话是不是坏了，怎么一直打不通呢？

    男：你换个手机试试，给你，用我的手机打。

    女：打通了，可是没人接。

    男：那就等一会儿再打吧，你看看是不是你的手机坏了？

    问：根据对话，可以知道什么？

35. 男：喂，你还在逛街吗？

    女：逛完了，现在正跟朋友在餐厅里吃饭呢。

    男：你快回来吧，我早上把钥匙忘在家里了，进不去了！

    女：好，我马上就回去。

    问：女的现在在哪儿？

第 36 到 37 题是根据下面一段话：

互联网越来越能影响人们的生活。现在人们在选择餐厅、咖啡厅或者健身房时，除了看环境、服务等条件以外，还要看看里面有没有免费的网络。有免费网络，会成为这家店受欢迎的原因之一。

　　36. 这段话主要谈什么？

　　37. 说话人认为网络的作用是什么？

第 38 到 39 题是根据下面一段话：

　　网上流行一句话，大家都听说过，那就是"态度决定一切"。我有一个好朋友，她不聪明，也不漂亮，但还是有很多人愿意帮助她，她说这是因为她不管做什么事，都很认真，也很有耐心。因此，一个优秀的人不一定是聪明、漂亮的人，但一定是态度好的人。

　　38. 关于说话人的朋友，下列哪项对？

　　39. 这段话主要谈什么？

第 40 到 41 题是根据下面一段话：

　　以前，人们在请客吃饭的时候，喜欢点很多菜，这样代表对客人的重视，所以经常造成浪费。现在大家的想法有了变化，不再根据菜的多少来判断人的诚意。现在请客吃饭一般点适量的菜，争取都吃完，如果吃不完可以打包。

　　40. 以前人们请客吃饭时是怎样点菜的？

　　41. 说话人的想法是什么？

第 42 到 43 题是根据下面一段话：

　　一个幽默的人常常能吸引很多人的注意。幽默的人能让他周围的人快乐，也能引起别人的注意。现在的社会，大多数人工作和生活的压力都很大，如果身边有一个幽默的人，常常说一些幽默的话，会让我们感到轻松、愉快。

　　42. 说话人认为幽默的人怎么样？

　　43. 大家喜欢幽默的人，是因为幽默的人怎么样？

第 44 到 45 题是根据下面一段话：

　　你会安排你的时间吗？你是不是觉得学习、工作太忙了，根本没有时间锻炼身体，看小说，听音乐呢？时间不会像刚买回来的蛋糕一样，一整块摆在我们眼前；时间更像空气，看不见但需要我们珍惜。我们可以在吃完午饭的时候，做做运动；在睡觉之前，看看书。

　　44. 这段话主要谈什么？

　　45. 说话人认为时间像什么？

听力考试现在结束。

答案及说明

HSK（四级）模拟试卷 1

答 案

一、听力

第一部分

| 1. × | 2. √ | 3. √ | 4. × | 5. × |
| 6. √ | 7. × | 8. √ | 9. × | 10. √ |

第二部分

11. A	12. C	13. B	14. C	15. D
16. A	17. C	18. B	19. C	20. A
21. B	22. B	23. D	24. A	25. A

第三部分

26. B	27. A	28. C	29. C	30. D
31. B	32. D	33. A	34. B	35. D
36. C	37. D	38. C	39. B	40. A
41. B	42. C	43. D	44. C	45. D

二、阅 读

第一部分

| 46. A | 47. F | 48. C | 49. B | 50. E |
| 51. D | 52. B | 53. A | 54. F | 55. E |

第二部分

| 56. ABC | 57. BCA | 58. ACB | 59. BAC | 60. CAB |
| 61. BCA | 62. CAB | 63. BCA | 64. ABC | 65. BCA |

66. B	67. C	68. C	69. B	70. B
71. D	72. B	73. C	74. D	75. B
76. A	77. B	78. A	79. B	80. A
81. C	82. A	83. B	84. A	85. D

三、书写

第一部分

86. 现在去机场也来不及了。/
现在也来不及去机场了。

87. 这面镜子是出差的时候买的。/
出差的时候买的是这面镜子。/
是出差的时候买的这面镜子。

88. 客厅里有一些家具。

90. 我决定去一家广告公司应聘。/
我决定去应聘一家广告公司。

89. 你知道哪里可以发传真吗?

91. 请把那份材料拿过来。

92. 他正准备搬到郊区住。

93. 他比你更熟悉这儿的环境。/
这儿的环境他比你更熟悉。

94. 这证明他是很诚实的。

95. 因为这件事伤心不值得。/
不值得因为这件事伤心。

第二部分

96. 他已经连续加班一个星期了。

97. 她从小就想成为一名作家。

98. 我的衣服可以挂在这里吗?

99. 他们俩每次见面都很开心。

100. 他喜欢和别人打招呼。

答案说明

1. 根据 "售货员说这种裙子只剩下黑色的了",可知有黑色的裙子,所以这句话是错误的。

2. 根据 "我支持我姐姐",可知我不反对姐姐交男朋友,所以这句话是正确的。

3. 根据 "今天下午我有历史课",可知这句话是正确的。

4. 根据 "爸爸每天都坐地铁上下班",可知这句话是错误的。

5. 原句表达的意思为妈妈给他报了学习班,不是学校要求的,可知这句话是错误的。

6. 根据 "健康离他们越来越远了",可知这句话是正确的。

7. 根据 "我爸爸开了一家公司",可知爸爸是老板,不是公司职员,所以这句话是错误的。

8. 根据 "这儿禁止抽烟,您可以去那边的休息室",可知这儿不能抽烟,休息室可以,所以这句话是正确的。

9. 根据"我还没想好给爷爷什么礼物"，可知这句话是错误的。

10. 根据"小明考了 60 分，妈妈很生气，让他努力学习"，可知这句话是正确的。

11. 根据女的说的"现在我想成为一名律师"，可知女的现在的理想是律师，所以选 A。

12. 根据女的说的"确实不错"，可推断女的非常满意这双鞋的颜色和样子，根据女的说的"价格有点儿……，我再看看吧"，可知她觉得这双鞋的价格有点儿贵，所以选 C。

13. 根据男的说的"下午会议上要用的材料准备好了吗"，可知下午要开会，在四个答案中只有"公司"是常常开会的，所以选 B。

14. 根据男的说的"我们这儿秋天的景色最美，其他三个季节人没有这么多"，可推断秋天来这儿旅游的人最多，女的说的"你们这里一年四季来旅游的人都是这么多啊？"，意思是现在来这儿旅游的人非常多，因此现在是秋天，所以选 C。

15. 根据男的说的"抱歉抱歉，是我太粗心了，不是他的错"，可知是男的错了，他没有生气，所以选 D。

16. 根据女的说的"您用现金还是用信用卡啊？"，可知男的是在付款，所以选 A。

17. 根据男的说的"很诚实，懂礼貌，又努力，就是有时候有点儿小马虎"，可知小丽诚实，有礼貌，又努力，只是有时候有点儿不认真，所以选 C。

18. 根据男的说的"138-8888-6790"，可知选 B。

19. 根据男的说的"这几天正忙着在附近找房子呢"，可知他现在在忙着租房子，所以选 C。

20. 根据男的说的"那就坐火车吧"，可知男的建议女的坐火车去北京，所以选 A。

21. 根据女的说的"您的孩子最近总是不按时完成作业"，可推断女的是孩子的老师或同学，根据男的说的"一定按照您说的去做，真是辛苦您了"，用"您"不是用"你"，可知女的是孩子的老师，所以选 B。

22. 根据女的说的"他从小就养成了按时完成作业、课前预习和课后复习的好习惯"，可知王小明有很好的学习习惯，所以选 B。

23. 根据女的说的"今天堵车了"，可知选 D。

24. 根据男的说的"不是礼拜天吗""不用上班"，可知男的不起床想再睡会儿是因为星期天不用工作，所以选 A。

25. 根据女的说的"在网上购物""买完这个包我就下来"，可知女的是在网上买包，所以选 A。

26. 根据女的说的"知道会堵车，怎么不提前一点儿出发？"，可知女的不太高兴，所以选 B。

27. 根据对话中的"这是我第一次参加应聘""我相信你，一定会顺利通过的"，可知女的正在应聘，男的让女的喝咖啡，是想让她不要那么紧张，所以选 A。

28. 女的想换个好看的眼镜，男的说"你现在的眼镜就很好看"，意思是男的觉得她的眼镜很好看，不用换，所以选 C。

29. 根据男的说的"那可不好说，得看看是什么问题"，可知男的也不知道电脑什么时候能修好，所以选 C。

30. 根据女的说的"没关系，张教授"，可知男的是老师，所以选 D。

31. 根据女的说的"你能帮我给他带点儿东西吗？"，可知女的想让男的带东西给她的叔叔，所以选 B。

32. 根据女的说的"刚才讲的语法你听明白了吗"，可推断他们可能刚下课，在教室里，所以选 D。

33. 根据女的说的"我跟同学去图书馆借书了"，可知女的昨天晚上去借书了，所以选 A。

34. 根据男的说的"我倒希望能换个时间下雨"，可知男的不想明天下雨，他想去爬山，所以选 B。

35. 根据女的说的"你怎么又跟孩子发脾气了""教育孩子最需要的就是耐心了"，可知他们在说怎样教育孩子，所以选 D。

36. 根据"在网上买东西不仅省时，而且省钱"，可知在网上买东西便宜，所以选 C。

37. 根据"我认为除了男朋友以外，几乎所有东西都能在网上买到"，可知选 D。

38. 根据"我来中国已经两年了"，可知选 C。

39. 根据"今年夏天我父母来看我"，可知我的父母不在北京，是来北京看我，我带他们在北京玩儿，所以选 B。

40. 文中说"顾客们可以一边喝着咖啡，一边跟它们做游戏"，这里的"它们"是"小猫"，顾客们可以在咖啡馆跟小猫做游戏，所以选 A。

41. 根据"它们很会陪人""能够让来喝咖啡的顾客放松心情"，可知猫咪咖啡馆的小猫会陪顾客，所以选 B。

42. 根据文中"昨天晚上八点半我就睡觉了""今天早上天还没亮我就醒了，我一看时间才四点半"，可知我昨天晚上睡了八个小时，所以选 C。

43. 文中提到我起床后，一看时间才四点半，"真是太早了"，所以选 D。

44. 根据文中"白天休息，到了晚上才出来活动"，可知选 C。

45. 文中提到东北虎"主要生活在中国东北"，所以选 D。

46. "知识"是指人类在实践中认识客观世界（包括人类自身）的成果。"法律"属于知识的一个理论部分，所以选 A。

47. "道歉"是向对方表示自己不对。这句话的意思是：做错事就要向对方表示自己不对，所以选 F。

48. 动词"羡慕"是指看到别人有的希望自己也有，本题是说人人都想有一个像她一样非常幸福的家庭，所以选 C。

49. "改变"是指变化，事物变得和原来不一样，本题是说人要进步，就应该有所变化，所以选 B。

50. 动词"毕业"是指学生学习期满，达到规定要求，结束在校学习。这句话的意思是：学生结束在校学习后，大多数都去公司工作了，所以选 E。

51. "演出"在这里为名词，指单位或个人举办的文艺表演活动，本题意思是他和朋友要去参加学校在晚上举办的文艺表演，所以选 D。

52. "联系"的意思是通过上网、打电话、写信、见面等方法与别人对话、交流，本题中说话人问小王后来是否联系过他给小王介绍的女朋友，所以选 B。

53. "密码"可理解为秘密的号码，为名词，说话人忘记了他的银行卡密码，所以选 A。

54. "赶时间"常常一起使用，表示抓紧时间做什么事，本题意思是时间也很紧，要赶时间，所以选 F。

55. 副词"比较"用在形容词前，表示两者比较，程度更高，本题意思是两件中红色的更好看，所以选 E。

56. "小时候""长大后""现在"按照时间排序，所以答案为 ABC。

57. B 是说明情况，C 是提出如何实现，A 是说明原因，所以答案为 BCA。

58. A 是说明情况，B 和 C 是解释为什么要早出门，"如果……就……"表假设关系，所以答案为 ACB。

59. "从小""现在""才发现"按照时间排序，所以答案为 BAC。

60. "昨天""今天"按照时间排序，B 是由于天气变冷得出的结论，冬天来了，所以答案为 CAB。

61. B 是说明情况，C 是得出大家以为的结论，A 句指出事实，其实不是这样，所以答案为 BCA。

62. C 是介绍情况，A 和 B 是我们知道这件事的反应，B 是对 A 的补充，所以答案为 CAB。

63. B 提出情况，A 和 C 是对 B 的解释说明，"可能……"在"也可能……"前，所以答案为 BCA。

64. A 和 B 表示因果关系，"（因为）……，所以……"中省略了"因为"，C 是对 B 的补充说明，所以答案为 ABC。

65. B 是说明情况，C 表转折，关联词语"只有……才……"表条件，所以答案为 BCA。

66. 根据"吃多了可能会使人变胖"，可知选 B。

67. "幸福是一种感觉，是一种生活态度，每个人的幸福都在自己手中"，意思是只要有一个正确的态度，幸福就在你的手中，很容易得到，所以选 C。

68. "这样做是不科学的，长期下去会造成营养不良"中的"这样做"指"把水果、饼干等当正餐"，所以选 C。

69. 根据"那里景色非常美丽"，可知选 B。

70. 根据"童年对一个人以后的人生会产生非常重要的影响"，可知选 B。

71. 根据"它们值得受到每个人的尊重"，可知在四个答案中只有 D 与此句意思最接近，A 和 B 本题没有提到，C 和本题表达意思相反，所以选 D。

72. 文中"让我们养成读书的好习惯吧"，意思是让我们多读书，所以选 B。

73. 根据文中"发现办公室的打印机坏了""他们的打印机也坏了"，可知两个办公室的打印机都坏了，所以选 C。

74. 根据文中"家长才是孩子最好的老师"，可知如果家长节约用水、诚实，孩子就会学习家长，因此家长要先节约用水，所以选 D。

75. 根据文中"有不懂的词语就记下来然后查词典"，可知选 B。

76. 根据文中"要静下心来仔细回忆"，可知选 A。

77. 根据文中"这种方式很方便"，可知选 B。

78. 根据文中"实际上并不是每个人都喜欢开玩笑，有的人甚至会因此而生气"，可知不能对别人随便开玩笑，所以选 A。

79. 根据"相爱的人不一定会走入婚姻"，可知选 B。

80. 整段文字都在谈 "烦恼"，所以选 A。

81. 根据文中 "只要你能勇敢地去面对，就一定能找到解决的办法"，可知要勇敢面对烦恼，所以选 C。

82. 根据文中 "……问一问别人的意见。也许这样确实能帮助我们做出更加正确的判断"，可知选 A。

83. 文中 "无论别人说什么，最后还是要自己做出决定" "不考虑就接受了别人的建议，也许以后出现问题了就会后悔当时的决定"，意思是最好自己做决定，所以选 B。

84. 根据文中 "养一些植物，……可以使人心情愉快"，可知养花可以使人心情好，所以选 A。

85. 这段话先说养植物有很多好处，再说有些植物不能在室内养，最后说如果家里想养花，要先上网查查。花是植物的一类，所以选 D。

HSK（四级）模拟试卷 2

答 案

一、听 力

第一部分

| 1. √ | 2. × | 3. × | 4. √ | 5. × |
| 6. × | 7. √ | 8. × | 9. √ | 10. × |

第二部分

11. B	12. C	13. B	14. B	15. B
16. A	17. A	18. A	19. D	20. D
21. A	22. D	23. B	24. D	25. B

第三部分

26. A	27. D	28. D	29. B	30. A
31. A	32. C	33. B	34. A	35. A
36. B	37. D	38. C	39. A	40. D
41. C	42. B	43. C	44. D	45. B

二、阅读

第一部分

46. D　　47. A　　48. B　　49. C　　50. E
51. B　　52. A　　53. F　　54. E　　55. C

第二部分

56. ACB　　57. BAC　　58. BAC　　59. BCA　　60. ACB
61. CBA　　62. BAC　　63. ACB　　64. CBA　　65. ACB

第三部分

66. D　　67. D　　68. A　　69. A　　70. C
71. C　　72. D　　73. A　　74. C　　75. C
76. B　　77. C　　78. D　　79. B　　80. B
81. C　　82. C　　83. A　　84. C　　85. B

三、书写

第一部分

86. 这项治疗需要的费用很高。
87. 这个小伙子经常用肥皂洗脸。
88. 这块手表设计得怎么样？
89. 院子里停着一辆红色汽车。
90. 不要把这个消息告诉别人。
91. 经理让我快点儿交总结。
92. 我怎么能不回来呢？
93. 玛丽在教室里上课呢。
94. 那张桌子被老师搬走了。
95. 北京是一座著名的古城。

第二部分（造句参考）

96. 这些辣椒看起来很辣，其实一点儿都不辣。
97. 一条速度很快的船正向我们开过来。
98. 这次会议很成功，他们讨论了很长时间，并且解决了很多问题。
99. 这些鱿鱼太新鲜了，我们买点儿吧。
100. 顾客们很喜欢到她这里擦鞋。

答案说明

1. 根据"上大学之前就天天和他在一起打球"，可推断出说话人认识小李。所以这句话是对的。

2. "不一定适合"是指可能适合，也可能不适合。所以这句话是错的。

3. "要是"表示假设，原句所要表达的意思是：如果我早知道是这样，我就不让你去了。可以推断出他一开始不知道。所以这句话是错的。

4. 根据"……鱼味道鲜美，不油腻"可以推断出鱼很好吃。所以这句话是对的。

5. 根据"我们班的同学都很喜欢跳舞"，可以推断出同学们喜欢跳舞，说话人没提到唱歌。所以这句话是错的。

6. 根据"结果台词全忘了"可以推断出他不记得台词了。所以这句话是错的。

7. 根据"结果我被淋成了'落汤鸡'"可知衣服全湿了。所以这句话是对的。

8. 根据"主人要等客人起身后才可以站起来"，可知主人先站起来是错的。

9. 根据"可就是太小气"，可以推断出这句话是对的。

10. 根据"昨天我在这儿买的……"和"换一件"可以推断出他是在换衣服。所以这句话是错的。

11. 女的说"人家想看电影嘛"，这是恋爱中的人或夫妻之间所说撒娇的话，所以选 B。

12. 女的说"毕业后再去吧，就差一年了"，意思是建议一年后再去日本，所以选 C。

13. 女的说"你有寒暑假啊"，这几个答案中只有"老师"是有寒暑假的，所以选 B。

14. 麦克说"对不起，昨天的作业太多"，可知麦克由于作业太多而没有写完，所以选 B。

15. 根据女的说的"……得少吃，不然会发胖的"可知女的在减肥，所以选 B。

16. 男的说"已经售完了"，可知面积小的房子都卖完了，所以选 A。

17. 女的问"钱取出来了吗？"，可知男的刚才出去是想去取钱，所以选 A。

18. 女的发现男的眼睛红红的，所以问男的"昨天又开夜车了吧？"，可知男的昨天晚上没有睡觉，男的回答说"眼睛都睁不开了"，说明男的很困，想睡觉，所以选 A。

19. 男孩儿在抽烟，他说是"跟我爸学的"，可知他爸爸会抽烟，所以选 D。

20. 男的说"你已经说了一百遍了"，可知男的认为女的说的次数太多了，很不高兴，所以选 D。

21. 男的说"早上出去散散步，这一天都觉得有精神"，女的说"应该多运动"，可知两个人都在说运动的好处，所以选 A。

22. 男的说"我可不想流泪"，可知男的不想看，害怕看完流泪，所以选 D。

23. 男的问"非常好喝吧？"，女的回答"我觉得正好相反"，可知女的认为不好喝，所以选 B。

24. 根据男的说的"离家近一点儿的最好"，可知男的希望学校离家近点儿，所以选 D。

25. 根据对话可知女的在做饭，并且两个人是夫妻关系，女的让男的把碗筷摆好，所以对话可能发生在家里，所以选 B。

26. 男的说"我行吧？"，可知男的觉得自己很能干，很得意，所以选 A。

27. 根据男的说的"60 分及格，我就差 1 分"可知男的差 1 分 60 分，即 59 分，所以选 D。

28. 女的说"她去医务室了"，可知周小丽现在在医务室，所以选 D。

29. 对话中说到"这首歌是谁点的？""麦克风"，可知他们是在歌厅唱歌，所以选 B。

30. 对话中说到"喂，喂！""信号不好"，这些都是打电话时经常用到的话，所以选 A。

31. 根据女的说的"别吹牛了，哪有那么好啊！"可知，女的认为男人做的鱼不是那么好吃，所以选 A。

32. 根据男的说的"这你可得问问我爸爸"，可知是男的的爸爸养的花儿，所以选 C。

33. 根据男的说的"那你是没看见我忙的时候呢！"，可知男的有时候很忙，所以选 B。

34. 男的说"那眼睛不累坏了啊"，女的说"我就担心这个啊"，可知女的担心孩子的视力，所以选 A。

35. 男的问女的"你要的光盘买到了吗？"，可知女的想买光盘，所以选 A。

36. 根据"让人们在娱乐的同时能够学习到很多知识"，可知利用网络可以学习知识，所以选 B。

37. 说话人刚开始说网络的好处，后来说"如果过分地使用网络，也是十分有害的"，可知他在告诉我们要客观、正确地认识网络，所以选 D。

38. 根据"下午儿子要去学游泳"，可知儿子要去学习游泳，所以选 C。

39. 根据最后一句话"感觉特别新鲜"，可知儿子对看到的一切感到很新鲜，所以选 A。

40. 说话人说"我最想感谢的一个人就是我的老师"，所以选 D。

41. 这段话是一个人得奖之后说的话，她在表达感谢之情，她的心情是激动的，所以选 C。

42. 第一句话就说"糖葫芦是中国北方冬天常见的一种小吃"，所以选 B。

43. 录音中提到了苹果、葡萄、橘子、草莓，没有提到香蕉，所以选 C。

44. 录音中说"原来她上个星期搬家了"，所以选 D。

45. 根据文中的"我和李梅是同事，……原来她上个星期搬家了，搬到了我家的楼下"，可知李梅以前就是"我"的同事，现在又是邻居了，所以选 B。

46. "尽快"表示尽量加快速度，本题的意思是尽量快点说完，所以选 D。

47. 副词"要是"，表示假设，常常与"就"一起使用，所以选 A。

48. "挑"的意思是从若干人或事物中找出符合要求的，本句是说从"很多漂亮女孩"中选择一个做女朋友，所以选 B。

49. "态度"是指人的举止神情，本句是说那家餐厅在服务时对顾客很好，所以选 C。

50. "还是"这里为连词，用在选择问句中，表示从几个项目中选择一个，所以选 E。

51. "弄"是指设法取得，本句的意思是想办法得到了两张球票，所以选 B。

52. "不愿意"是"不想"的意思，本句是说这里景色太美了，不想离开，所以选 A。

53. "了不起"表示优点突出，不平凡，很出色，用于表扬或赞美别人，符合题意，所以选 F。

54. 方位名词"上"的抽象意义可以表示"方面"，常与"在"组成"在……上"结构，符合题意，所以选 E。

55. "不得不"有必须、只能这样的意思，符合题意，所以选 C。

56. 关联词语"不仅……而且……"表递进，B 中的"它"指代烤鸭，所以答案为 ACB。

57. B 是总述情况、范围，A 和 C 是对它的说明，关联词语"不管……总……"表条件，所以答案为 BAC。

58. B 是指出说明对象，A 和 C 是对它的解释、说明，"据统计"引领统计的结果，所以答案为 BAC。

59. B 和 C 提出情况，通常时间放在前面，A 是对前面情况的解释，指明原因，所以答案为 BCA。

60. A 是说明情况，"但是……"表情况转折，"而且"是对前面的补充说明，表示递进，所以答案为 ACB。

61. C指出表述对象，B和A是对前面的说明，其中隐去了关联词语"因为……所以……"，即因为他应聘时表现得非常自信，所以给我留下了深刻的印象，所以答案为CBA。

62. B是说明原因，A是承接B，表示事情紧接着发生，C是说明结果，所以答案为BAC。

63. A指出说明对象，C和B是对它的解释，关联词语"虽然……但……"表转折，所以答案为ACB。

64. C是提出一种情况，B和A是对它的解释、说明，关联词语"只要……就……"表条件，所以答案为CBA。

65. A是说明情况，C用"所以"与A句形成因果关系，B以"吧"结尾，是进一步的劝告，所以答案为ACB。

66. 根据文中"不管遇到多大的困难，他们都不怕"，可知这是聪明人的做法，所以选D。

67. 根据文中"商场里的东西可以保证质量"，可知顾客满意的原因是商品质量好，所以选D。

68. 根据文中"我和孩子没有一天不担心他的"，可知"他"是孩子的爸爸，所以选A。

69. 根据文中"今年的冬天，雪却很少……让我感到很难过"，可知选A。

70. 文中"打招呼""点头"这两个词语都是表示问候的，所以选C。

71. 根据文中"应排队等候"，可知选C。

72. 根据文中最后一句话"是一本综合性时尚生活杂志"，可知选D。

73. 根据文中"可是冬天的时候，暖气烧得不好"，可知暖气不热，所以选A。

74. 根据文中"爱情、婚姻、事业的不顺利""很多明星都去看心理医生"，可知明星的压力很大，所以选C。

75. 根据文中"追求浪漫，所以看电影的人多了起来"，可知人们是为了追求浪漫才看电影的，所以选C。

76. 第一句在说业余爱好，而后面的例子是对前一句话的证明，可知这段话主要是说业余爱好的，所以选B。

77. 根据这段话，可知有了电脑之后，人们可以把文件放在电脑里，这样开会的时候就更轻松方便了，所以选C。

78. 根据文中"一个孝顺父母的人，一定值得别人尊重"，可知选D。

79. 根据文中"中国人在半夜12点放完鞭炮之后"，可知吃饺子或吃年糕之前应先放鞭炮，所以选B。

80. 根据文中"孩子参加各种各样的辅导班，它们占用了孩子大量的业余时间"，可知孩子的业余时间都在上辅导班，所以选B。

81. 根据文中"我认为家长应该给孩子一个健康、快乐、没有压力的环境……这样才对他们的学习有好处"，可知选C。

82. 根据文中"准备为熊猫拍一张彩色照片"，可知选C。

83. 根据最后一句话"结果织小了，小兔子戴不上"，可知选A。

84. 根据文中"就算在一年中最热的时候，南极和北极依然非常寒冷"，可知选C。

85. 根据最后一句话"地球的环境越来越糟糕，南极和北极也开始变热了"，可知选B。

HSK（四级）模拟试卷 *3*

答 案

一、听 力

第一部分

1. √   2. ×   3. ×   4. √   5. √
6. ×   7. ×   8. ×   9. ×   10. √

第二部分

11. C	12. A	13. A	14. B	15. D
16. C	17. C	18. C	19. A	20. A
21. C	22. D	23. A	24. B	25. C

第三部分

26. C	27. A	28. D	29. D	30. D
31. B	32. D	33. B	34. D	35. A
36. B	37. D	38. A	39. C	40. C
41. C	42. C	43. D	44. C	45. B

二、阅 读

第一部分

46. B	47. F	48. D	49. A	50. C
51. F	52. C	53. A	54. D	55. E

第二部分

56. CBA	57. ACB	58. BAC	59. BCA	60. ACB
61. ACB	62. BAC	63. ABC	64. ACB	65. ACB

第三部分

66. B	67. B	68. C	69. A	70. D
71. B	72. A	73. C	74. B	75. B

76. A	77. B	78. A	79. B	80. D
81. C	82. A	83. D	84. B	85. C

三、书写

第一部分

86. 请把这篇课文读一遍。

87. 会议室里走出一个人。

88. 是谁丢了这把钥匙？

89. 他想去商店买生日礼物。

90. 哥哥比弟弟大三岁。

91. 比赛结果出来了吗？

92. 这种生活让人向往。

93. 公司派我去上海考察。

94. 约翰被老师批评了。

95. 他不喜欢体育运动。

第二部分（造句参考）

96. 这个地方很干净，也很安静。

97. 这是中国很有名的茶，我给你倒一杯，怎么样？

98. 这只小狗很喜欢跟人握手。

99. 都快九点了，哥哥竟然还没起床。

100. 最近学校组织我们参观了鲁迅故里，我们在那儿照了一张照片。

答案说明

1. 根据"三点半了也没看见他"，可知现在三点半了，小高还没有来。所以这句话是对的。

2. 根据"可惜让我错过了"，可知他没有得到这次机会。所以这句话是错的。

3. 根据"我们已经练过很多遍了"，可知我们平时经常练习。所以这句话是错的。

4. "不好 + 动词"有时可以表示不容易，根据"不好打车"，可知现在不容易打到车。所以这句话是对的。

5. 根据"我不赞成吃减肥药"可知"我"不同意吃减肥药。所以这句话是对的。

6. 根据"公司给他提供了一套大房子"可知他有房子。所以这句话是错的。

7. 根据所举的例子"巧克力和牛奶糖"可知这句话是错的。

8. 根据"可惜差了两分"可知说话人没考上研究生。所以这句话是错的。

9. 录音中说"最好"带地图，而不是"一定"要带。所以这句话是错的。

10. 根据所举的例子，手机可以"听音乐、看电影、拍照、上网、玩儿游戏"，可知现在的手机可以上网。所以这句话是对的。

11. 根据女的说的"我这儿还有点儿工作没做完，你先放在这儿吧"，可以推断出女的忙完工作后会看，所以选 C。

12. 根据对话中"听说你决定不买车了""买了车还得洗车、保养什么的，太麻烦"，可知他们在谈买车的事，所以选 A。

13. 男的说"请给我结一下账"，女的说"您住了 3 天，一共是 540 块"，可以推断出男的想退房，所以选 A。

14. 根据对话中"你们的导游英语怎么样？"，可以推断出对话发生在旅游公司，所以选 B。

15. 根据男的说的"昨天晚上他和朋友出去玩儿了，很晚才回来，现在肯定没起来呢！"可以推断出麦克昨天回来晚了，现在在睡觉，所以选 D。

16. 男的说"年年有余""也就是希望富裕、有钱"，所以选 C。

17. 根据女的说的"这菜怎么这么淡啊？"可以推断出这菜很淡，所以选 C。

18. 女的说"我最喜欢的还是打羽毛球"，可知她最喜欢的运动是打羽毛球，所以选 C。

19. 根据男的说的"女朋友跟他分手了"可以推断出他失恋了，所以选 A。

20. 根据对话中"碰下杯""我会醉的"，可以推断出他们在喝酒，所以选 A。

21. 对话中"怎么又加班啊？"是反问语气，意思是不该加班，可以推断出女的对男的加班不太满意，所以选 C。

22. 对话中说"一共花了 650 块""别忘了还有一双 500 块钱的皮鞋呢"，可知女的今天花了 650 块 +500 块 =1150 块，所以选 D。

23. 根据男的说的"他就是郭敬明，现在最红的网络作家之一"可以推断出郭敬明是作家，所以选 A。

24. 男的说"密码错误，当然打不开"，可以推断出电子信箱打不开是因为密码错了，所以选 B。

25. "宁可"表示在对几个方面比较后选择出一项。本题中男的在比较逛街和睡觉后选择"在家睡觉"，可以推断出男的不喜欢逛街，所以选 C。

26. 根据对话中"妈妈，我有点儿头疼，家里有没有药啊？"可以推断出对话发生在家里，所以选 C。

27. 根据对话中说"你怎么又擦车？"可知男的在擦车，所以选 A。

28. 男的说"这电脑都买好几年了，太旧了"，可知电脑死机是因为太旧了，所以选 D。

29. 根据对话中说"明天是情人节""我和她约好一起去吃饭、看电影"，可以判断出男的明天有约会，所以选 D。

30. 根据对话可以判断出男的没有买贵的，而买了打折的那款电子词典，所以选 D。

31. 根据对话中"他用脑袋轻轻一顶"可以推断出他们在看的是足球比赛，所以选 B。

32. 对话中说"书架擦了吗？""哟，这个忘了！"可以判断出男的忘擦书架了，所以选 D。

33. 根据男的说的"那要 13 点 15 的吧"可知男的买了一点一刻的票，所以选 B。

34. 对话中说到"马上要下雨了""我没带雨伞啊"及"我办公室里还有一把呢"，可以判断出现在还没下雨，男的没有伞，女的带伞了，办公室里还有一把，所以选 D。

35. 根据对话"请问，今天美元兑换人民币的汇率是多少？""那先给我换 500 美元吧"，可以判断出男的想换钱，所以选 A。

36. 根据"提前订票""买不到票"可以判断出这段对话主要讲买票，所以选 B。

37. 这段话中说"提前订票""可以省去排队的时间"，所以选 D。

38. 这段话中说"复印速度比以前的快了两倍"，所以选 A。

39. 这段话最后说"公司的员工都很高兴"，所以选 C。

40. 说话人说她"拍的电影并不多"，"感谢王子强导演"，从中可以判断出她是一名演员，所以选 C。

41. 根据"拿到这个奖，对我来说是一个新的开始"可知她拿了奖，所以选 C。

42. 录音开头说"在泰国，酸辣汤这种小吃就相当于美国的汉堡包"，可见酸辣汤是一种小吃，所以选 C。

43. 根据"……制成了这种泰国独特的酸辣土豆条"可知这种土豆条是酸辣味的，所以选 D。

44. 根据"经常看到……由于过度劳累而突然死亡的消息"，可知过度劳累是造成死亡的原因，所以选 C。

45. 录音最后说"所以我觉得我们应该学会爱护身体，放松心情"，由此可知这段话告诉我们要注意爱护身体，所以选 B。

46. 从下文"导游"可以知道，这里应该是"旅行"，所以选 B。

47. "方便"的意思是便利，"交通方便"是说交通条件很好，很便利，所以选 F。

48. "下来"放在动词"脱"后边做趋向补语，表示分开，脱离，符合题意，所以选 D。

49. 动词"抽"表示把夹在中间的东西取出来，本句的意思是从书架上取出一本书，所以选 A。

50. "到处"表示处所，指各个地方，根据题意，"我"所有的地方都找了，所以选 C。

51. 根据对话，"烤鸭什么时候能烤好"现在还不能确定，"大概"表示估计，不确定的，符合题意，所以选 F。

52. "决定"的意思是对某件事情做选择，拿主意，符合题意，所以选 C。

53. 根据对话，学生问老师这道题正确的解答结果是什么，所以选 A。

54. "可不是"表示同意上边的观点或看法。根据对话，第二个人确实贴反了对联，他同意对方的说法，所以选 D。

55. "靠"表示凭借，根据对话，第二个人不知道"她"以后要凭借什么生活，所以选 E。

56. C 是说明情况，B 是解释出现了意外情况，A 表示结果，所以答案为 CBA。

57. A 是说明情况，B 和 C 是对前面的举例说明，其中 B 是对 C 的补充、解释，所以答案是 ACB。

58. B 指出时间，关联词语"先……然后……"表顺序，所以答案为 BAC。

59. B 是介绍情况，A 和 C 是对前面的强调说明，其中 C 是条件，A 是结果，所以答案是 BCA。

60. "据……统计"引领统计数字 13%，B 是对前面的评价，所以答案是 ACB。

61. A 和 C 是介绍习惯，其中 C 是对 A 的补充，B 是说明一种结果，所以答案是 ACB。

62. B 指明时间，A 和 C 是说明情况，"同时"句通常放在后面，所以答案是 BAC。

63. 关联词语"无论……都……"表条件，C 是指明结果，所以答案是 ABC。

64. A 是说明原因，C 和 B 指明结果，关联词语"尽管……却……"表转折，所以答案是 ACB。

65. 关联词语"虽然……但是……"表转折，B 说明一种结果，所以答案是 ACB。

66. 根据"当你因为爱好去做一件事情的时候，就会……心情愉快"，可知选 B。

67. 根据"年糕含的水分少，不容易消化"，可知选 B。

68. 根据"堆雪人是北方孩子才能玩儿到的一种游戏"，可知选 C。

69. 根据"由于票价太贵，很多情侣也不能经常去，大家非常不满意"，可知这里的"此"是指代前边的"票价太贵"，可知选 A。

70. 根据"最能吸引年轻的消费者"，可知选 D。

71. 根据"正确的做法是在饭后 2 小时或饭前 1 小时吃水果"，可知选 B。

72. 根据"我非常喜欢我的学生"，可知选 A。

73. 根据文中对大熊猫外形的介绍，可知选 C。

74. 根据"一个性格很和善的领导往往更受员工喜爱"，可知选 B。

75. 根据"对身体很有好处"，可知选 B。

76. 根据"路上堵车了"，可知选 A。

77. 根据"虽然很多人喜欢"，可知选 B。

78. 根据"在谈话时，不要谈疾病等不愉快的事情，不要询问女士年龄"，可知选 A。

79. 根据"只有学会放弃""才能让生活更加美好"，可知选 B。

80. 根据"导致营养不良"，可知兔子营养不良，所以选 D。

81. 根据"兔子最有希望得到冠军，可现在冠军是小鸟的了"，可知选 C。

82. 根据"成为朋友""得到朋友""得到友谊"等词组可知，这段话主要讲交友，所以选 A。

83. 根据"如果你先伸出友谊之手，你就已经成功了一半儿了"，可知选 D。

84. 根据文中"要想选择好未来的职业，上大学之前就应该做好准备"，可知选 B。

85. 根据文中最后一句话"就能够与别人拉开很大一段距离了"，可知选 C。

HSK（四级）模拟试卷 4

答 案

一、听 力

第一部分

1. ×　　2. √　　3. ×　　4. ×　　5. √

6. ×　　7. √　　8. √　　9. √　　10. ×

第二部分

11. D　　12. C　　13. C　　14. D　　15. D

16. D　　17. B　　18. C　　19. A　　20. D

21. B　　22. D　　23. A　　24. D　　25. C

26. C	27. D	28. A	29. C	30. B
31. B	32. A	33. C	34. D	35. B
36. D	37. C	38. C	39. A	40. B
41. C	42. A	43. B	44. C	45. B

二、阅 读

第一部分

46. A	47. F	48. C	49. E	50. D
51. B	52. C	53. A	54. D	55. F

第二部分

56. BAC	57. ACB	58. CBA	59. BAC	60. ACB
61. ABC	62. BAC	63. CBA	64. ACB	65. ACB

第三部分

66. D	67. A	68. D	69. C	70. D
71. D	72. B	73. D	74. D	75. B
76. A	77. B	78. A	79. B	80. C
81. A	82. D	83. A	84. C	85. C

三、书 写

第一部分

86. 从上午到下午工作八个小时。　　87. 这学期我想学三种语言。

88. 他刚从北京出差回来。　　89. 南方的天气变化比较快。

90. 按照学校的规定，我暑假毕业。　　91. 苏杭一带的人口味清淡。

92. 李教授鼓励我来中国留学。　　93. 请把这台传真机送给王博士。

94. 我对这件事很感兴趣。　　95. 客厅和餐厅里都挂着画儿。

第二部分（造句参考）

96. 去公园游玩儿的时候，要爱护花草，保护环境。

97. 已经很晚了，女孩儿还在认真地工作。

98. 这辆公共汽车上人很少，一点儿也不挤。

99. 上火车或者飞机以前，所有的行李都要进行安全检查。

100. 这就是我送你的礼物，可爱吗？

答 案 说 明

1. 根据"小王是我去年去旅行时认识的导游"，可知小王是导游。所以这句话是错的。

2. 根据"帮妈妈卖水果"，可知这句话是对的。

3. "有时候"指出不是每天，所以这句话是错的。

4. 根据"去市场买东西，总是人家要多少钱，我就给多少钱"，说明说话人在买东西时不会讲价。所以这句话是错的。

5. 根据"轻松"和"心情愉快"，可以推断出这首曲子不会让人紧张。所以这句话是对的。

6. 这句话限定了要表扬的是"那些认真负责、热心助人的"司机，而不是所有的司机。所以这句话是错的。

7. "最好"表示应该这样做，后边的"不然……"更强调了不事先打电话的后果。所以这句话是对的。

8. 根据"经常花很多时间……"，可知这句话是对的。

9. 根据"每年都会找时间聚几次"可以判断出这句话是对的。

10. "等了好久"说明"我"希望得到礼物，所以可以判断出这句话是错的。

11. 根据女的说的他们"上午没起来"，可知选 D。

12. 根据男的说的"怎么还没……啊？"和"要……了！"可以判断出说话人很着急，很不高兴，所以选 C。

13. 根据女的说的"服装费 200，书费 65，班费 50，电影票钱 35"可以计算出一共要交 350 元，所以选 C。

14. 男的说"音乐声太大了，吵死了！"，表明男的不满意，所以选 D。

15. 根据男的说的"你的发型十多年都没变了"，可知选 D。

16. 对话中提到"喜欢""字画""去画店""看到满意的就买回去几幅"，"幅"是"字画"的量词，可见他们在谈字画，所以选 D。

17. "洗手间"就是"厕所"，所以选 B。

18. 男的说老李"上班爱迟到，下班爱早走"，说明老李不按时上下班，所以选 C。

19. 根据男的说的"这样挺好"，可知老张很满意现在的生活，所以选 A。

20. 对话中，女的说要打开空调，而男的却说"我觉得还行"，可知男的的意思是不用开空调，所以选 D。

21. 男的说"下午还得学钢琴呢"，所以选 B。

22. 根据男的说的"下午得去机场接我妈妈"，可知男的下午要去机场，所以选 D。

23. 根据题意，女的提出要去美容，男的却说"多注意休息，锻炼锻炼就行了"，可知男的不同意她去，所以选 A。

24. 根据女的说的"我可不像你，没事就去旅游"，可知男的经常去旅游，因此去过很多地方，所以选 D。

25. 根据女的说的"我要给她买一张京剧光盘"，可知苏珊要买光盘送给妈妈，所以选 C。

26. 根据对话中谈到"CA 6754，下午 3 点起飞，可以吗？"和"可以"，可知男的坐的航班号是 CA 6754，所以选 C。

27. 根据对话中说的"我的表才 8 点""你的表慢了 10 分钟"，可知现在是 8 点 10 分，所以选 D。

28. 根据女的说的"师傅，请在这儿停吧，我到了"，可知对话发生在车上，之后女的又问了价钱，可以推断出说话人是司机和乘客，所以选 A。

29. 根据"来找你帮我妈看看，要不要做个手术"，可推断出刘扬是医生，所以选 C。

30. 根据"我已经离开四川好多年了"，可知男的的家乡是四川，所以选 B。

31. 根据"校园里的取款机修好了没有""没呢，还不能取钱"，可知取款机坏了，所以选 B。

32. 根据"这是我从网上买的一条裤子"，可知选 A。

33. 根据对话，王阿姨给小明"介绍了一个女孩儿"，妈妈问他"看看不"，可以推断出小明没有女朋友，所以选 C。

34. "三天打鱼，两天晒网"专指做事不坚持，没有恒心，所以选 D。

35. 根据"这台洗衣机已经用了 8 年了""那就换一台吧"，可以推断出他们想买洗衣机，所以选 B。

36. 根据"希望利用休息日到农村去看看"，可知选 D。

37. 根据"尝尝农家饭，看看田园景色，去农家院摘水果"，可知只有"种菜"录音中没有提到，所以选 C。

38. 录音中说到"蔬菜""水果"，可知市场卖的是蔬菜和水果，所以选 C。

39. 根据"给市场及周围道路带来了一定的交通压力"，可知选 A。

40. 从"一想到今天要跟朋友们一起骑车去长城就特别兴奋"可知"我"兴奋的原因，所以选 B。

41. 根据"到了那里才 6 点，离出发还有一个小时呢"，可知出发的时间是 7 点，所以选 C。

42. "在书店里阅读、买书的人越来越多"中的"越来越多"说明人们喜欢到书店看书、买书，所以选 A。

43. 根据"他们认为这种读书的气氛有助于孩子从小培养良好的阅读习惯"，可知选 B。

44. 根据"对不起，老师，我得马上回家一趟"，可知说话人现在在学校，所以选 C。

45. 说话人说"我得马上回家一趟"，说明他很着急，所以选 B。

46. "之一"的意思是其中的一个或一种。世界上有很多珍贵的动物，大熊猫是其中的一种，所以选 A。

47. "聚会"是指亲朋好友等聚集在一起。由句中的"一起聊天儿、吃饭、唱歌"可以知道，他们是在"聚会"，所以选 F。

48. "提前"，是指在做一件事之前，由上文的"之前"可以知道，本句中公司要求职工在见到客户之前要自己"提前"跟对方打招呼，所以选 C。

49. 根据题意，生活中的故事会给人不同的感受，有让人"悲伤"的，也就有让人高兴的，此处需要一个形容词，只有"快乐"符合题意，所以选 E。

50. 介词"与"引进对象，意思相当于"和""跟""同"，常用于书面语中，符合题意，所以选 D。

51. "左右"可以加在数词后表示与这个数差不多。题中说话人估计箱子的重量大概是 50 斤，所以选 B。

52. "不像话"指言语、行为不合乎道理或情理，用于指责或批评别人。题中说话人批评张东迟到，所以选 C。

53. 动词"交"的意思是把事物转移给有关方面。本题的意思是把论文转交给老师，所以选 A。

54. "回头"可表示动作或事情在不久之后就会发生，相当于"一会儿"。题中说话人打算以后找时间去解释，所以选 D。

55. "礼貌"指言语动作谦虚恭敬。题中说话人觉得安娜没打招呼的做法不恭敬，没礼貌，所以选 F。

56. B 和 A 是说明原因，其中 A 是对 B 的补充，C 是说明结果，所以答案是 BAC。

57. A 和 C 是说明原因，"……的时候"通常放在前面，B 是说明结果，所以答案是 ACB。

58. C 是说明情况，"我"是本句主语，关联词语"只要……就……"表条件，所以答案是 CBA。

59. B 引出主语，A 和 C 是对它的解释说明，其中 A 中"我们"是主语，所以答案是 BAC。

60. "……，是……"是常用句式，B 是对前面的说明，"它"指代前面的情况，所以答案是 ACB。

61. A 和 B 是说明情况，"……的时候"通常放在前面，C 是说明结果，所以答案是 ABC。

62. 关联词语"如果……就……"表假设，C 是对 A 的补充说明，所以答案是 BAC。

63. C 和 B 是说明原因，B 是对 C 的补充，A 说明结果，所以答案是 CBA。

64. A 是说明观点，C 和 B 是说明它的原因，"……的同时"句通常放在前面，所以答案是 ACB。

65. A 和 C 是说明情况，其中"这"指代"暴风雪"，B 是说明一种结果，所以答案是 ACB。

66. 根据"事实上走别人没走过的路，往往更容易成功"，可见作者赞成走不同的路，所以选 D。

67. 根据"当一名优秀的记者是我学习的目标"，可见她的理想是当记者，所以选 A。

68. 根据电脑和可视电话"拉近了我们跟外面世界的距离"，使我们不再忍受"与亲人分离的痛苦"，可知它们对我们的生活有好处，所以选 D。

69. 根据"一听到家乡人的声音我总是很兴奋"，可知这是在外乡的人的心情，所以可以推断说话人在外地，选 C。

70. 根据"让大家去看交通事故的图片展览"，可知选 D。

71. 根据"价钱也不贵"，可知价钱便宜，所以选 D。

72. 根据"能感到自己还有追求""那是一件多么值得高兴的事情啊！"，可知选 B。

73. 本题指出，没做过的事不是你的兴趣，只有做过了并真的喜欢的才是你的兴趣，可推断本题主要谈的是兴趣，所以选 D。

74. 根据"他们永远用一颗积极、快乐的心去面对困难，争取成功"，可知乐观的人是不怕困难的，所以选 D。

75. "跟……沟通"就是"跟……交流"的意思，本题中很多家长反映有时"没有办法跟他们交流"，所以选 B。

76. 根据"卫生局昨天通知……""重点检查……的卫生"，可知选 A。

77. 根据"英语老师讲的课我几乎一点儿都听不懂，这种情况让我觉得非常失望"，可知选 B。

78. 根据"以前大学毕业后很容易找到一个稳定的工作"，可知选 A。

79. 根据"交通广播节目很不错""受到了出租车司机、老年人和孩子们的欢迎"，可知选 B。

80. 把"安全通道"和电梯、楼梯进行对比，可知"安全通道"是通到外面的路，所以选 C。

81. 根据"我很担心，要是发生意外事故人们跑不出去怎么办？"，可知选 A。

82. 根据"让他们的父母非常担心"，可知选 D。

83. 根据"他们有的是因为失业，也有的是根本没找到过工作"，可知选 A。

84. 根据"美国青年丁大卫来到中国一所郊区小学教书"，可知丁大卫刚来中国时是做小学老师的，所以选 C。

85. 根据"他的课很受老师和学生的喜欢"，可知他很受欢迎，所以选 C。

HSK（四级）模拟试卷 5

答　案

一、听　力

第一部分

1. ×	2. ×	3. √	4. ×	5. √
6. ×	7. ×	8. √	9. ×	10. ×

第二部分

11. D	12. B	13. A	14. A	15. C
16. A	17. B	18. C	19. A	20. A
21. D	22. D	23. D	24. A	25. B

26. A	27. C	28. C	29. D	30. C
31. C	32. A	33. D	34. B	35. B
36. A	37. D	38. A	39. A	40. B
41. B	42. D	43. B	44. B	45. D

二、阅 读

第一部分

| 46. A | 47. C | 48. B | 49. D | 50. E |
| 51. C | 52. E | 53. B | 54. A | 55. F |

第二部分

| 56. CAB | 57. BAC | 58. ACB | 59. ABC | 60. BCA |
| 61. BCA | 62. BAC | 63. CBA | 64. CAB | 65. BAC |

第三部分

66. B	67. D	68. D	69. C	70. A
71. C	72. D	73. B	74. C	75. D
76. D	77. A	78. B	79. A	80. B
81. D	82. D	83. A	84. B	85. B

三、书 写

第一部分

86. 警察提醒司机朋友要注意安全。 87. 姐姐经常去那家健身房锻炼。

88. 王明的画儿画得非常好。 89. 还是下学期再报名吧。

90. 不是已经告诉你了吗？ 91. 请把这把钥匙放到服务台。

92. 小王已经三天没上班了。 93. 你怎么这么晚才来？

94. 我能克服任何困难。 95. 桌子上放着一些零钱。

第二部分（造句参考）

96. 她举起手想要回答老师的问题。

97. 这个红苹果比橘子重一点儿。

98. 这个蓝色的笔记本是我的。

99. 为了锻炼身体，同学们每天早上都坚持跑步。

100. 因为我准备得很好，所以今天的考试很顺利。

答案说明

1. 录音中说"妈妈很喜欢小狗""总抱着它"，是说妈妈喜欢小狗，没有说小狗怎么样。所以这句话是错的。

2. 根据"同学们手拿鲜花，对着我微笑，桌子上还放着一个大大的生日蛋糕"，可以推断出今天是"我"的生日。所以这句话是错的。

3. 录音中说"我们在电话里约定在汽车站见面"，所以这句话是对的。

4. 录音中说"由于小吃的味道好，又比较便宜，因此……"，并没有提到小吃吃起来方便。所以这句话是错的。

5. 根据"所以火车、汽车的生意特别好"，可知这句话是对的。

6. 根据"查不到小明的电话号码，真急人"可知，"我"着急是因为"我"找不到小明的电话号码，并不是手机坏了。所以这句话是错的。

7. 根据"最突出的表现是空气污染、海洋污染和城市环境污染"可知城市环境污染只是其中之一，没有提到是不是最严重的。所以这句话是错的。

8. "人们的旅游时间更充足了"，说明旅游的时间更长了。所以这句话是对的。

9. 根据"女士如果想穿裙子，就必须穿袜子"可以推断出，出席正式场合女士可以穿裙子。所以这句话是错的。

10. "并不代表他们不能沟通"，说明年轻人和老人之间可以沟通。所以这句话是错的。

11. 根据女的说的"下周末应该可以"，可知选 D。

12. 根据男的说的"你跳得那么好"，可知女的跳舞跳得很好，所以选 B。

13. 根据男的说的"我还得复习呢"，可知选 A。

14. 男的说"你是咱家领导"，这句话常用于夫妻之间，所以选 A。

15. 根据男的说的"可是我已经答应女朋友不去了，现在怎么跟她说呀！"，可以推断出男的后悔答应他女朋友不去了，所以选 C。

16. 根据男的说的"能不能给我换一条"，可知男的要换一条裤子，所以选 A。

17. 女的说"你也不小了，是不是该考虑一下个人问题了？"，"个人问题"通常是指感情的事，所以选 B。

18. 男的说"发生交通事故了"，所以选 C。

19. 根据女的说的"我游不动了"，可以推断出他们在游泳，所以选 A。

20. 根据男的说的"这儿可以订机票吗？"，可知选 A。

21. 男的说"你又不是男孩子，学这个干什么啊？"，这是个反问句，可以推断出男的不同意女孩儿学功夫，所以选 D。

22. 根据女的说的"请让我看一下你的简历、毕业证书和推荐信"，可知四个选项中，工作证明是不需要的，所以选 D。

23. 男的问"请问这儿附近有宾馆吗？"，可知他在找宾馆，所以选 D。

24. 对话中女的说"让小李唱歌"，男的说"我想和小李换换"，可知男的想唱歌，所以选 A。

25. "真是的！"带有不满的语气。对话中，女的对男的总忘记她的电话号码这件事很不满。所以选 B。

26. 根据对话中"小刘，我要的资料都准备好了吗？""那就送到会议室吧，顺便通知各位业务经理去开会"，可以推断出小刘是秘书，所以选 A。

27. 根据男的说的"虽然味道好，但有的不干净"，可知男的觉得小吃不卫生，所以选 C。

28. 根据女的说的"那你搬到 304 吧"，可以推断出男的想换房间，所以选 C。

29. 根据男的说的"不，我很少看，因为广告太多了"，可知选 D。

30. 根据女的说的"吃了你开的药，我感觉好多了，就是嗓子还有点儿疼"，可以推断出两个人的关系是医生和患者的关系，所以选 C。

31. 根据女的说的"王秘书给我们订了机票"，可知他们是坐飞机去，所以选 C。

32. 根据男的说的"就比他们多了一分，真危险！"，可知结果是赢了，所以选 A。

33. 根据男的说的"没考上研究生，找工作也行啊！"，可知女的现在没考上研究生，所以选 D。

34. 根据男的说的"明天是情人节，我想给我女朋友买些花儿"，可知选 B。

35. 女的说"你有时间吗？陪我一起去吧"，男的说"行啊，没问题！这个周末怎么样？"，可知他们周末会见面，所以选 B。

36. 录音中说"有些明星为了追求经济利益而写书"，"经济利益"就是指挣钱，所以选 A。

37. 录音中说"希望他们写书的时候，最好认真地考虑一下自己的写作目的"，所以选 D。

38. 根据"我家孩子吃饭的时候"，可知说话人是孩子的家长，所以选 A。

39. 根据"大人们都说他长大了，懂事了"，可知选 A。

40. 这段话介绍了飞亚达表的质量、设计、特点等，并提到了它的广告词，可以推断出这段话最有可能出现在报纸上，所以选 B。

41. 根据"飞亚达表将良好的质量、优秀的设计与人们的个性、身份联系起来"，可知表的质量很好，所以选 B。

42. 录音中说"如果去得太早，可能主人还没准备好，这就可能会给他们造成一些不便"，所以选 D。

43. 录音最后一句话说"一般来说，提前两三分钟到比较好"，所以选 B。

44. 录音开始时说"鼻子可以闻到酒的香气"，所以选 B。

45. 根据这段话我们知道，喝酒的时候只有耳朵不能享受到什么，所以人们碰一下杯子，这样耳朵也就可以听到声音了，可以推断出这是在说碰杯的原因，所以选 D。

46. "趟"是表示次数的量词，放在数词后面，所以选 A。

47. 该句是一个"把"字句，用"把"将名词"玫瑰"提前，所以选 C。

48. 动词"赶"指加速行动，使不耽误时间，符合题意，所以选 B。

49. "作用"指对事物产生的影响或效果。在这里是说，"药"对"我的病"没有产生效果，所以选 D。

50. 助词"过"用在动词后，表示有过这方面的经历，符合题意，所以选 E。

51. "不要紧"表示没有妨碍，不成问题。说话人说书脏了没问题，只要擦擦就可以了，所以选 C。

52. 汉语的"语法"比较难，本题是说多学多练就会弄懂"语法"，所以选 E。

53. 形容词"害羞"是指难为情，符合题意，所以选 B。

54. "经常"的意思是"常常"，文中说工作太累，常常加班，所以选 A。

55. "考虑"的意思是认真想问题，以便做出决定，说话人让对方再好好想一想，为了避免以后出问题，所以选 F。

56. C 是说明情况，A 是补充说明发现的问题，B 是说明结果，所以答案为 CAB。

57. B 是总述情况，A 是举例，C 是对 A 的说明，所以答案为 BAC。

58. 关联词语"只要……就……"表条件，C 是对 A 的补充，B 说明结果，所以答案为 ACB。

59. 关联词语"一边……一边……"表并列，A 中"他"是主语，所以放在前面，C 是说明结果，所以答案为 ABC。

60. B 是说明情况，C 和 A 是对前面的补充说明，"和……比起来"句通常放在前面，所以答案为 BCA。

61. B 指出说明的对象，C 和 A 是按照数量的多少进行排列的，所以答案为 BCA。

62. 关联词语"无论……都……"表条件，A 是对 B 的补充说明，所以答案为 BAC。

63. C 是说明情况，B 和 A 是说明结果，"当……时"句通常放在前面，所以答案为 CBA。

64. C 是说明情况，A 和 B 是对前面的补充说明，关联词语"不仅……更……"表递进，所以答案为 CAB。

65. 关联词语"虽然……但……"表转折，C 是说明结果，所以答案为 BAC。

66. 根据"非常干净，店里常常放着优美的音乐，散发着咖啡的香味"，可推断这里的环境好，所以朋友才喜欢，选 B。

67. 根据"将机票、身份证交给机场相关负责人员"，可知答案是"飞机票"，所以选 D。

68. 根据"一定要遵守交通法规"，可知选 D。

69. 根据"一来这是我的爱好，二来也想充实一下自己"，可知"我"喜欢读书的原因之一是这是"我"的爱好，所以选 C。

70. 根据"一个人喝醉了"，可知选 A。

71. 根据"李老师在十几年的工作中积累了丰富的教学经验"，可知选 C。

72. 根据文中"建议您一定要等到太阳出来半小时之后再去锻炼"，可知选 D。

73. 根据文中"朋友之间的相处，最重要的就是信任"，可知朋友相处不应该"怀疑"，所以选 B。

74. 根据"茶本来是一种药"，可知选 C。

75. 根据文中"会外语和电脑已经成为必须具备的技能"，可知选 D。

76. 根据文中"每年有超过 10 亿人通过电视收看这台晚会"，可推断很多人喜欢看，所以选 D。

77. 根据"是不是总看电视呀？以后少看一点儿吧！"，可知选 A。

78. 根据文中"水一旦受到污染，就会给人类带来很大的危害。它不仅会影响……还会破坏……"，可知主要是在说水污染的危害，所以选 B。

79. 根据文中"由于长期过度劳累，他生病住院了"，可知王经理住院的原因是过度劳累，所以选 A。

80. 根据文中第一句话"我的朋友在公交车上经常丢钱包"，可知选 B。

81. 文中的意思是小偷偷的信封里装的是纸，可知小偷上当了，所以选 D。

82. 文中提到北京年糕"有黄的金年糕和白的银年糕"，所以选 D。

83. 根据文中"通常在过年、过节的时候卖得较多"，可推断春节时会卖很多，所以选 A。

84. 根据文中"高度每上升 1000 米，气温就下降 6 度"，可推断上升 2000 米时，气温就会下降 12 度，所以选 B。

85. 根据文中"山越高，气温就越低……"，可推断山顶的气温低，所以选 B。

HSK（四级）模拟试卷 6

答 案

一、听 力

第一部分

1. √	2. ×	3. ×	4. √	5. ×
6. ×	7. √	8. ×	9. √	10. ×

第二部分

11. A	12. D	13. C	14. B	15. C
16. C	17. A	18. B	19. A	20. C
21. A	22. C	23. D	24. C	25. C

第三部分

26. B	27. D	28. A	29. B	30. D
31. C	32. D	33. B	34. D	35. A
36. A	37. D	38. B	39. A	40. C
41. B	42. A	43. B	44. D	45. B

二、阅读

第一部分

46. F	47. D	48. E	49. B	50. A
51. E	52. D	53. B	54. C	55. A

第二部分

56. BCA	57. BAC	58. ACB	59. CAB	60. ACB
61. CBA	62. BCA	63. ACB	64. CAB	65. BAC

第三部分

66. D	67. B	68. B	69. A	70. C
71. A	72. A	73. C	74. A	75. D
76. B	77. C	78. D	79. D	80. C
81. D	82. D	83. A	84. B	85. C

三、书写

第一部分

86. 他好不容易才赶上火车。 87. 你们是什么时候聚会的？
88. 我们这儿不能办理留学手续。 89. 餐厅的服务员对我们很热情。
90. 为什么不去英国留学呢？ 91. 请把通知写在黑板上。
92. 他的态度非常值得怀疑。 93. 他们同时向王老师请假。
94. 李经理刚买的包被偷走了。 95. 他从来没去过上海。

第二部分（造句参考）

96. 这种表演很受北方人的欢迎。
97. 今天晚上这里要举办一个生日晚会。
98. 老师在教这个漂亮的女孩儿弹钢琴。
99. 这个人想自己修理汽车，所以他要先检查一下。
100. 这只胖胖的小狗好像很孤单。

答案说明

1. 根据"锻炼身体一定要坚持",若不坚持锻炼是不会有好的效果的,可知这句话是对的。

2. 根据"请到5号和7号柜台,那边可以",可知5号柜台可以使用信用卡。所以这句话是错的。

3. 根据"我本来想大学一毕业就考研究生"中的"本来",可以推断出实际上"我"没考研究生。所以这句话是错的。

4. 根据"一个留学生能写出这么好的文章,真让人佩服啊!",可知这是说话人对这篇文章的夸奖。所以这句话是对的。

5. 根据"他选择女朋友的标准是:……",可知他还没有女朋友。所以这句话是错的。

6. 根据"我寄出去的信被退了回来……是我写错了地址",可知是"我"写错了地址。所以这句话是错的。

7. 根据"要不是你提醒我,我肯定会忘了……",可知如果"你"不提醒"我","我"肯定想不起来,一开始"我"是忘了的。所以这句话是对的。

8. 根据最后一句话"在那儿买也行",可知他想买房子,不是卖房子。所以这句话是错的。

9. 根据"听小王说……",可知小王去过。所以这句话是对的。

10. 根据"制作了一个表格,可是她忘记保存……",可知她忘记的事情是保存表格。所以这句话是错的。

11. 根据女的说的"这是送给小刘的,他过生日",选 A。

12. 根据男的说的"哪有那么快呀?还有一年她研究生才毕业呢",可知老李的女儿现在还没毕业,所以选 D。

13. 女的问"小周已经出国了?",男的说"他很快就会回来的",可知小周现在在国外,所以选 C。

14. 女的说沙发是结婚时买的,男的说"已经10年了",可知他们已经结婚10年了,所以选 B。

15. 女的说"虽然小孙长得一般",可知小孙的缺点是长得不太好,所以选 C。

16. 根据男的说的"我好不容易才找到这儿",可知这个地方不好找,所以选 C。

17. 男的问"去'喜羊羊烤肉店'怎么走?",可知男的想吃烤肉,所以选 A。

18. 根据女的说的"就是书房有点儿小",可知女的对书房不满意,所以选 B。

19. 根据男的说的"您看人家小海,从上到下穿的都是名牌",可知男的很羡慕小海,所以选 A。

20. 根据男的说的"再去游一圈啊?",可以推断出他们是在游泳,所以选 C。

21. 根据男的说的"这个皮箱的密码是多少来着?",可知男的是忘记密码了,所以选 A。

22. 女的说"真希望我将来的工作……",男的说"能找到一份合适的就不错了",可知他们谈的是工作,所以选 C。

23. 女的说"到二楼电梯的右边,那里是烟酒区",所以选 D。

24. 男的问妈妈"牛仔裤洗完了吗？"，妈妈回答"没呢，洗衣机坏了"，所以选 C。

25. 男的说"知道了"，意思是他洗完手后会把水龙头关上的，所以选 C。

26. 根据对话中"你还记得我们的小学老师吗？""我昨天在公园里遇到他了"，可以推断出看见的是小学老师，所以选 B。

27. 女的说"你最好扔到垃圾桶里"，男的同意了，所以选 D。

28. 根据女的说的"商场里的价钱在小店里能买三件"，可以推断出商场里的东西很贵，所以选 A。

29. 男的说"还以为你在减肥呢"，女的回答说"原来是这么打算的"，可以推断出女的本来打算减肥，所以选 B。

30. 男的问"啤酒香鸭呢？"是问啤酒香鸭点没点，又说"味道不错，你们也尝尝吧"，所以说男的是在建议点这个菜。选 D。

31. 根据女的说的"时间过得真快，30 年过去了"，可知这张照片是 30 年前照的，所以选 C。

32. 根据男的说的"我家门前那条河却没有以前那么干净了"，可知男的遗憾的是河水不干净了，所以选 D。

33. 女的说"这里的图书数量最多，种类最全"，从四个选项中可知，谈话最有可能的地方是书店，所以选 B。

34. 根据男的说的"晚上有场球赛""不就是今天吗？"，可知今天晚上有球赛，所以选 D。

35. 根据女的说的"慢点儿，路上有冰！"，可知选 A。

36. 这段话中说"他们的热心、幽默、努力等都可以成为你学习的对象"，所以选 A。

37. 前面是说你应该学习别人的优点，后面是说你也可以成为他们的老师，可知应该互相学习，所以选 D。

38. 这段话主要是对商店的描述，从四个选项中可以看出最有可能的是顾客，所以选 B。

39. 根据录音中"……服务态度也很差，……现在不同了，……这样有了竞争，他们变得一家比一家好了"，可知他们的态度变好了，所以选 A。

40. 第一句话说"水是我们生活中不可缺少的东西"，可知水在我们的生活中有着很重要的作用，所以选 C。

41. 录音中说"我们要尽量喝没有受到污染的干净的水"，所以选 B。

42. 根据录音中开头的"……这么晚才回来！""已经等了你很长时间了。快过来坐下""我得准备通知亲戚和朋友啊"，可知这是家人对他的关心，最可能的地方是家里，所以选 A。

43. 根据录音中说的"你和刘芳的事准备得怎么样了？什么时候去拍结婚照啊？"，可知小李和刘芳要结婚，所以选 B。

44. 根据"学生们给我带来了很多快乐"，可知说话的人是教师，所以选 D。

45. 根据"陪我过生日""当我生病的时候，是他们关心我、照顾我""我一辈子都不会后悔……"，可知说话人很感动，所以选 B。

46. "属于"是指归某一类或某一方面所有，本题中她的性格可以归为"外向"这一类，所以选 F。

47. 介词"对于"引出对象，本题中的对象是"吸烟的危害"，所以选 D。

48. 副词"不断"表示连续不间断，本题是说大家一直不停地努力，所以选 E。

49. "顺序"就是事物空间或时间上排列的先后，符合题意，所以选 B。

50. "来自"表示"从……来"，本题是说运动员们是从一百多个国家来的，所以选 A。

51. "除非"在这里做连词，表条件，常与"才、否则"连用，所以选 E。

52. "忍不住"是指自己控制不住要做某事，本题中说话人控制不住自己多喝酒，所以选 D。

53. "占线"指拨打电话时，被叫方正在通话，由于前文提到"打电话"，所以选 B。

54. "安排"可以有相当于名词的用法，表示计划、打算，符合题意，所以选 C。

55. 代词"任何"指无论什么，本题是说无论什么困难都能克服，所以选 A。

56. B 是说明原因，C 是对它的补充说明，A 说明结果，所以答案为 BCA。

57. B 是说明原因，A 和 C 是说明结果，C 是对 A 的转折，所以答案为 BAC。

58. 关联词语"无论……都……"表条件，A 和 C 是指出并列的两种对象，"无论……"句要放在前面，所以答案为 ACB。

59. 关联词语"只有……才……"表条件，"不然"表转折，B 是说明前面情况的转折，所以答案为 CAB。

60. A 是说明一种情况，C 中"这"指代 A 这种情况，B 说明原因，所以答案为 ACB。

61. C 中"汉语太难了"和 B、A 句都是"一些人认为"的宾语，"更"表示比较，有它的句子通常在后面，所以答案为 CBA。

62. B 是说明情况，C 和 A 是对它的补充，关联词语"如果……那么……"表假设，这里省略了"那么"，所以答案为 BCA。

63. 关联词语"凡是……都……"表范围，B 是说明原因，"它"指代长城，所以答案为 ACB。

64. 关联词语"因为……所以……"表因果，B 是对 A 的补充说明，所以答案为 CAB。

65. B 是说明一种情况，A 和 C 是对它的补充说明，关联词语"虽然……但……"表转折，所以答案为 BAC。

66. 根据"给孩子很大的压力"，可知选 D。

67. 根据"绿色可以使人想到美好的环境"，可知选 B。

68. 根据"'哈佛'理发店，烫个头发的价格让人接受不了"，可知选 B。

69. 根据"就会想起你对我的鼓励，想起我们一起参加的比赛"，可知只有是朋友关系的人才会这样做，所以选 A。

70. 根据"他们失去了个人的时间、自由"，可知选 C。

71. 根据"如果一个人心理健康，那他面对失败的时候就不会一直伤心、失望"，可知心理健康的人在面对失败的时候不会一直伤心，所以选 A。

72. 根据文中"梅兰芳先生是中国著名的京剧表演艺术家"，可知选 A。

73. 根据文中"我们可以通过微信'朋友圈'，了解他们……的情况"，可知选 C。

74. 根据文中"在古代，上联要贴在门的右边"，可知选 A。

75. 根据文中"如果和别人保持合适的距离……如果走得很近……"，可知选 D。

76. 根据文中"只有通过长时间的观察……这时的判断也才能是准确的"，可知选 B。

77. 句中"我就知道她是我一直在寻找的女孩儿"，意思是我喜欢这个女孩儿，所以选 C。

78. 根据文中"明天我就去杭州，跟你一起放松放松，去游览西湖"，可知"我"要去旅游，所以选 D。

79. 整段文字都在谈"鸟巢"，所以选 D。

80. 根据文中第一句话"有三个人在沙漠里找不到回家的路了"，可知他们迷路了，所以选 C。

81. 根据文中"我希望那两个人能回来陪我"，可知第三个人想重新见到那两个人，所以选 D。

82. 根据文中"相信自己，我们才能勇敢地尝试"，可知相信自己就要敢于去做，所以选 D。

83. 文中"相信自己……相信自己……相信自己……"，是告诉我们要懂得自信，所以选 A。

84. 根据文中"猫的性情温顺，聪明活泼"，可知猫的性格很活泼，所以选 B。

85. 根据文中"10 岁的猫基本上就是老年了，这时需要主人更加小心地照料它"，可知我们应该小心照料 10 岁以上的猫，所以选 C。

HSK（四级）模拟试卷 7

答 案

一、听 力

第一部分

| 1. √ | 2. × | 3. × | 4. √ | 5. × |
| 6. × | 7. √ | 8. × | 9. √ | 10. √ |

第二部分

11. C	12. B	13. A	14. B	15. C
16. A	17. A	18. C	19. D	20. B
21. C	22. A	23. D	24. B	25. A

第三部分

26. D	27. C	28. B	29. A	30. A
31. B	32. B	33. C	34. B	35. D
36. B	37. D	38. A	39. B	40. D
41. A	42. D	43. C	44. A	45. C

二、阅读

第一部分

46. C	47. F	48. D	49. B	50. A
51. B	52. C	53. A	54. F	55. D

第二部分

56. ABC	57. ACB	58. CAB	59. BAC	60. BCA
61. BAC	62. ABC	63. BAC	64. ABC	65. CAB

第三部分

66. D	67. D	68. D	69. D	70. C
71. D	72. A	73. B	74. A	75. A
76. B	77. D	78. A	79. B	80. D
81. A	82. B	83. D	84. B	85. A

三、书写

第一部分

86. 你想去南方工作吗？

87. 校长派张老师去上海开会。

88. 这次的成绩让我很高兴。

89. 我终于把作业做完了。

90. 那个孩子太不听话了。

91. 黑板上写着会议通知。

92. 你就不要太伤心了。

93. 我数到十就可以开始了。

94. 这位就是我的大学老师。

95. 我怎么没听说过呢？

第二部分（造句参考）

96. 爬山是很多人都喜欢的一种运动。

97. 中间的这个人正在高兴地给家人打电话。

98. 我在饭店点了一盘饺子。

99. 这个小伙子一个人坐在石头上读书呢。

100. 他们俩都生气了，谁也不跟谁说话。

答案说明

1. "全吃光了"意思是都吃完了，所以这句话是对的。

2. 根据"下一站是北方公园"，可知北方公园还没有到。所以这句话是错的。

3. 根据"南方很少下雪"，可知南方有时也下雪，只是很少，不是从来不下。所以这句话是错的。

4. 根据"要尽量抽出一些时间陪陪家人和朋友"，可以判断出这句话是对的。

5. 根据这句话可知，妈妈来这里是由于工作的关系，而妈妈参加工作时至少应该有20来岁，因此妈妈今年不可能是30多岁。所以这句话是错的。

6. 根据"常常这个周末还没过完，就开始安排下个周末的活动了"，可知麦克周末总是有活动安排。所以这句话是错的。

7. 根据"直接从网上付费下载，特别方便"，可以判断出这句话是对的。

8. 根据"这次难度更大了"，可知这次考试很难。所以这句话是错的。

9. "打的"就是坐出租车的意思。根据"我只好打的回家"，可以判断出这句话是对的。

10. 根据"每次买回来，养不长时间花儿就死了"，可知"我"不会养花儿，所以这句话是对的。

11. 根据女的说的"等一会儿再洗吧，热水器里的水还没热呢"，可知现在没有热水，不能洗澡，所以选 C。

12. 女的说"我这个月的钱好像有点儿问题，是不是没发加班费？"，可知女的这个月的钱少了，所以选 B。

13. 根据男的说的"这次扫雪我能不能不去啊？"，可知同学们都要去扫雪，所以选 A。

14. 根据女的说的"别看他长得不怎么样，学历还是挺高的"，可知女的对男的的学历方面比较满意，所以选 B。

15. 男的问"慧美，你有什么吃的吗？"，女的说"巧克力……我刚跟李丽要的"，可知巧克力是慧美跟李丽要的，因此现在巧克力是在慧美这里，所以选 C。

16. "不至于"表示不会达到某种程度。男的认为自己不是那么笨，还是比较聪明的，所以选 A。

17. 女的说"她怎么能这样呢？"，是用反问的语气表示对"她"的做法不理解，所以选 A。

18. 女的说"差点儿没把我吓死"，可知女的是被吓着了，所以选 C。

19. 男的问"怎么这么快就买车了？"，可知男的不相信女的刚拿到驾驶执照就买了车，所以选 D。

20. 根据女的说的话"您是小强的爸爸吧？"，可知男的是小强的家长。"今天找您来，是因为小强昨天又跟同学打架了"，从这句话可以推断出小强犯了错误，老师找了他的家长。所以选 B。

21. 男的说"你去不但……反而……"，这是在强调事实与打算正相反，可知男的对女的的做法应该是不支持的，所以选 C。

22. 男的称呼女的"服务员"，女的说"12点以后就不提供热水了。不过，房间里有免费的矿泉水"，可知对话最可能发生在宾馆，所以选 A。

23. 男的说"今天下午我要去一趟公安局"，所以选 D。

24. 女的说"我还是喜欢茶馆的气氛"，可知女的喜欢去茶馆，所以选 B。

25. 男的问"你知道书店在哪儿吗？"，女的的话是想告诉男的书店在哪儿，所以选 A。

26. 根据男的说的 "现在已经8点了"，女的说 "还有一个小时呢"，可以推断出火车是9点开，所以选 D。

27. 女的说 "我是他姐姐"，所以选 C。

28. 根据男的说的 "还比不上我在学校的时候呢"，可以推断出男的以前在学校工作，也最可能是当老师，所以选 B。

29. 根据女的说的 "你什么时候开始喜欢儿子看的节目了？"，可知最可能说出这样的话的两个人应该是夫妻关系，所以选 A。

30. 根据女的说的 "那也太贵了。还是等等吧"，可知女的认为买飞机票会花很多钱，不想买，所以选 A。

31. 根据女的说的 "我还是给同屋打个电话吧，让她帮我收一下"，可知女的想让同屋帮忙，所以选 B。

32. 根据男的说的 "那你替我买一束花儿吧"，可知男的要送妻子花儿，所以选 B。

33. 根据女的说的 "谢谢你提醒我，不然又白花钱了"，可知女的同意男的的想法，认为办了年卡也没有时间去，所以选 C。

34. 根据女的说的 "中午太热，我怕晒黑了"，选 B。

35. 女的说 "可以打包"，"打包" 就是把剩下的菜放在包装盒里，以方便拿回家，所以选 D。

36. 根据文中 "很多学生都用不着的东西拿出去卖"，可知同学们是在卖东西，所以选 B。

37. 根据录音中最后一句话 "每当这个时候，宿舍楼外面都显得非常热闹"，可知这是发生在宿舍楼外的事情，所以选 D。

38. 根据 "许多年轻女孩子为了减肥，往往不吃早餐"，可知选 A。

39. 根据 "长时间不吃早餐……还容易引起很多疾病"，可知选 B。

40. 录音中说 "明星既可以得到很多人的喜爱，又可以赚很多钱"，所以选 D。

41. 录音最后说 "明星也有很多痛苦、无奈，还有别人不能想象的压力"，所以选 A。

42. 根据录音中 "本来准备去中央大街看看，可没想到被路边的一家书店吸引了"，可知是由于看见了一家书店，才使张先生改变了主意，所以选 D。

43. 根据最后一句话 "两个小时过去了，他才走出那个书店"，可知选 C。

44. 根据 "我希望能和他一样"，可以推断出说话人很羡慕王小宇，所以选 A。

45. 根据 "争取在明年的比赛中也能取得好成绩"，可知选 C。

46. 根据这句话可知，"我" 从不乱花钱，很节省，"节约" 符合题意，所以选 C。

47. "套" 可做名词 "家具" 的量词，构成 "量词＋名词" 结构，所以选 F。

48. "离" 可以表示时间上的间隔，本句的意思是距离考试结束还有十分钟的时间，所以选 D。

49. 学校的量词是 "所"，所以选 B。

50. "尽管" 表示让步转折关系，意思是出现了前边的情况，后边的结果也不会改变，所以选 A。

51. "带" 可以表示顺便，指带着做某事。对话中妈妈让他下楼时顺便倒垃圾，所以选 B。

52. "恢复" 指变回原来的样子，于飞的胳膊受伤了，需要过一段时间才能变好，恢复原来的样子，所以选 C。

53. "恐怕" 表示估计，并有担心的意思，对话中说话人估计小王不能来了，所以选 A。

54. 介词"往"可以用在动词前，跟方位词组合构成"往+方位词+动词"结构，所以选 F。

55. "精彩"常常形容演出、展览、文章等优美、出色，符合题意，所以选 D。

56. 关联词语"如果……就……"表假设，B 是对 A 的补充说明，所以答案为 ABC。

57. A 是指出时间，C 和 B 是说明情况，其中 B 是 C 的结果，所以答案为 ACB。

58. A 和 C 是强调事实，其中 A 是对 C 的补充说明，B 表示结果，所以答案为 CAB。

59. B 是说明情况，A 是提出问题解决的办法，C 是指明不这样做的结果，所以答案为 BAC。

60. B 实际上是指明了时间，这里省略了"后"，即"听了您的精彩讲话后"，C 是顺承前面出现的情况，A 是说明结果，所以答案为 BCA。

61. B 是提出假设，A 是它的结果，C 是对前面的议论，所以答案为 BAC。

62. A 是介绍情况，B 和 C 是对它的补充说明，"为了"句表原因，通常放在前面，所以答案为 ABC。

63. B 是说明情况，A 和 C 是针对它而提出的观点，"不能（要）……而要……"是表选择的常用句式，所以答案为 BAC。

64. A 是说明主语情况，B 是对它的补充，C 是转折说明前面的情况，所以答案为 ABC。

65. C 是说明情况，A 和 B 是强调结果，关联词语"即使……也……"表假设，所以答案为 CAB。

66. 根据"每次考试都能考到班级前三名"，可知晓东的学习成绩非常好，所以选 D。

67. 根据"良好的习惯并不是一天两天就能养成的"，可知良好的习惯需要父母长时间培养；根据"需要父母从小就严格地要求孩子"，可知需要父母严格要求；根据"用自己的行动去影响他们"，可知需要父母先做好。因此只有第四个选项没提到，所以选 D。

68. 根据"海南岛……是中国著名的旅游胜地"，可知是在说旅游方面的事情，所以选 D。

69. 根据"把工作分给其他人，这既减小了工作强度，也……"，可知选 D。

70. 根据"使我对学习有了兴趣，对学校有了很深的感情"，可知这些事情使"我"变得更爱学习了，所以选 C。

71. 根据"我和爸爸决定搞搞家庭卫生，收拾收拾"，可知选 D。

72. 根据文中"其中一个很重要的原因就是它向人们展示了大自然的壮美"，可知选 A。

73. 根据"其实是喜欢女警察们漂亮的警服……"，可知"我"喜欢她们是因为她们的服装漂亮，所以选 B。

74. 根据文中"这样不仅减少了租房的费用"，可知这样合租可以减少房租，所以选 A。

75. 根据"每当有顾客来修电脑，他都积极、热心地……"，可知李经理对待顾客很热情，所以选 A。

76. 根据文中"知识水平又很低"，可知选 B。

77. 根据"看到同学小刚家有一个非常好看的足球……于是他就想学踢足球了"，可知是因为喜欢那个足球才学踢足球的，所以选 D。

78. 根据文中"学习外语时要多说、多练……不要不好意思……因为……"，可知主要是在说学习的态度，所以选 A。

79. 根据"香滑的炖蛋和双皮奶是澳门非常有名的小吃"，可知选 B。

80. 根据文中"新疆西部和东北部分地区有小到中雪""东北地区最低气温在零下 10—零下 15 度左右",可知选 D。

81. 根据文中"华北等地气温将比去年同期高 1—3 度",又知道去年这个时候华北的气温是 15 度,因此今年的气温应该是 16—18 度,所以选 A。

82. 根据文中"大学毕业生选择第一份工作时应该认真考虑",可知选 B。

83. 根据文中"因为这将对他们个人的工作态度和工作习惯产生很大的影响,也可能决定着他们将来事业的发展",可知只有"个人专长"没有提到,所以选 D。

84. 这段话介绍了网络语言的出现、网络语言的具体内容,以及人们喜欢用的原因,所以选 B。

85. 根据文中"人们聊天儿的时候常常喜欢用",可知选 A。

HSK（四级）模拟试卷 *8*

答案

一、听 力

第一部分

1. √	2. ×	3. √	4. ×	5. ×
6. ×	7. ×	8. ×	9. √	10. ×

第二部分

11. A	12. B	13. B	14. B	15. B
16. C	17. D	18. B	19. B	20. B
21. A	22. B	23. D	24. C	25. C

第三部分

26. D	27. D	28. B	29. C	30. D
31. D	32. B	33. C	34. A	35. C
36. A	37. B	38. A	39. D	40. B
41. D	42. C	43. B	44. B	45. C

二、阅读

第一部分

46. E	47. F	48. D	49. A	50. C
51. F	52. A	53. D	54. C	55. B

第二部分

56. ACB	57. CBA	58. ACB	59. BAC	60. BCA
61. CAB	62. CBA	63. ABC	64. ABC	65. ACB

第三部分

66. B	67. D	68. A	69. C	70. C
71. A	72. C	73. D	74. D	75. D
76. D	77. A	78. B	79. C	80. D
81. A	82. B	83. C	84. A	85. C

三、书写

第一部分

86. 请把房租和钥匙交给房东。

87. 窗户已经被我擦干净了。

88. 我们还是坐火车去吧。

89. 你买的空调怎么样？

90. 海南岛一年四季都很美。

91. 他一上课就想睡觉。

92. 医院里看病的人非常多。

93. 你做的计划非常详细。

94. 你们不是已经准备好了吗？

95. 学校给我们提供的条件很好。/
学校提供给我们的条件很好。

第二部分（造句参考）

96. 太好了，我们又见面了。

97. 这个小女孩儿被电脑里的新闻吸引了。

98. 雨下得很大，没带伞的游客只好站在门口等着雨停。

99. 孩子的父母工作很忙，因此孩子由两位老人照顾。

100. 终于毕业了，他们太高兴了。

答案说明

1. 说话人说"我想买一本刘小平的小说",可以判断出说话人是在书店。所以这句话是对的。

2. 录音中说朋友让"我"看的是"照片",而不是"文章"。所以这句话是错的。

3. 录音中说中秋节"这一天人们都要吃月饼"。所以这句话是对的。

4. 根据"你是不是该请客了?",可以判断出王明还没请客,是说话人希望他请客。所以这句话是错的。

5. 根据"你演的人民警察……",可以判断出刘丽是演员。所以这句话是错的。

6. 根据录音,说话人明天去买飞机票,而22号是他出发的时间。所以这句话是错的。

7. 录音中说春天要少吃辣的,而不是不能吃辣的。所以这句话是错的。

8. 根据"我刚从北京回来",可以判断出这句话是错的。

9. 录音中说猫不容易摔伤是因为"猫的平衡能力强"。所以这句话是对的。

10. 根据录音,"锻炼身体"只是预防感冒的条件之一。所以这句话是错的。

11. 录音中男的说"我今天拿到了第一份工资,能不乐吗!",所以选 A。

12. 女的说"已经吃过今年的生日蛋糕了",所以选 B。

13. 根据女的说的"王丽的电话号码不知道让我记在哪儿了",可知她在找电话号码,所以选 B。

14. 男的说"我今天没有时间接孩子",所以选 B。

15. 男的说"它还会唱歌呢","它"指小鸟,所以选 B。

16. "定不下来"是"不能确定"的意思,也就是"不知道",所以选 C。

17. 男的说"是该放松放松了",说明男的想放松一下,这里的"放松"就是女的所说的"玩儿玩儿",所以选 D。

18. 根据男的说的"今天的题太多了,有两道题还没看呢,时间就到了!",可以判断出男的不满意,所以选 B。

19. 根据男的说的"这部动画片倒是很有意思",可以判断出他们在谈论动画片,所以选 B。

20. 女的要男的陪她买衣服,男的说"明天……下午我们再去吧",所以选 B。

21. 根据"红灯""停"等词语,可以判断出对话应该发生在马路上,所以选 A。

22. 根据对话,女的说"买五斤以上就两块钱一斤",男的买了六斤,所以是 $2 \times 6 = 12$,选 B。

23. 男的说"我的签证要到期了,我得去办延期",所以选 D。

24. 男的说"天阴了",让女的别走了,女的答应明天再走,所以只有 C 对。

25. 女的说这儿的咖啡"一杯就一百八!",可以判断出女的认为咖啡太贵了,所以选 C。

26. 根据"张开嘴,我看一下,是这颗牙吗?",可以推断出对话发生在医院,所以选 D。

27. 对话中男的说"我刚玩儿了一会儿",女的说"你都坐在电脑前一上午了",可见男的还在玩儿游戏,所以选 D。

28. 女的说"下周他们就有优惠活动,你可以去看看",所以选 B。

29. 对话中男的问女的"你怎么哭了?",女的回答说"我养的那条小狗死了",所以女的哭是因为小狗死了,所以选 C。

30. 男的说"快到元旦了"，元旦也就是新年，所以选 D。

31. 男的说"我想让老师帮我指导一下论文"，可以判断出他是学生，所以选 D。

32. 录音中提到了"没有房子""学历也低""个子也不高"，没提到"工作"，所以选 B。

33. 录音中说到"邮箱""我有一份材料需要马上给他"，可以知道男的着急发邮件，所以选 C。

34. 根据女的说的"这款是今年新出的"，可知选 A。

35. 对话中男的说"欢迎大家来沈阳游玩"，并且介绍了沈阳好玩儿的地方和好吃的东西，可知他是导游，所以选 C。

36. 录音中说"当学生对一门功课感兴趣时，即使遇到了难题，也会想办法去解决"，想办法就是很努力，所以选 A。

37. 录音中提到做你感兴趣的事会觉得很容易，做不感兴趣的事会觉得很难，由此可以判断出主要是在讲兴趣的重要性，所以选 B。

38. 根据"很多人都喜欢把绿色植物买回家去，摆放在卧室和客厅里"，可知选 A。

39. 录音中说"绿色植物能够净化空气，美化环境，还能使人心情愉快"，也"能够装饰"，所以选 D。

40. 第一句话说"以前这个地方是一个大市场"，所以选 B。

41. 录音中说"现在这里到处是鲜花和绿草"，可知这里的环境变好了，所以选 D。

42. 根据文中"一个人是否能够获得成功，主要是看他对人生的态度"，可知选 C。

43. 录音第一句话说"成功的人始终用积极的思考、乐观的精神和宝贵的经验去指导自己的人生"，所以选 B。

44. 根据录音中说的"口头作业一般是朗读课文或表达练习，孩子往往不重视"，可知孩子不重视口头作业，所以选 B。

45. 根据"需要家长帮助老师检查孩子口头作业的完成情况"，可知说话人认为家长应该检查孩子的口头作业，所以选 C。

46. "成功"的意思是获得了预期的效果，符合题意，所以选 E。

47. "跟"引出对象，本句中"我"是通过电视学习的"化妆"，所以选 F。

48. "再"可以表示某个动作或情况要在别的动作或情况发生后出现，本句是说要在儿子毕业以后搬家，所以选 D。

49. 动词"提"有指出或举出的意思，本句的意思是"第一次讲课"需要对方提出自己的想法，所以选 A。

50. "不仅……而且……"表递进关系，所以选 C。

51. "对于……来说"是固定搭配，所以选 F。

52. "绝对"有必定、肯定的意思，本句中说话人保证质量一定没问题，所以选 A。

53. 画的量词是"幅"，所以选 D。

54. 对话中提到"每天都一样"，说明说话人认为生活缺少变化，"单调"的意思是缺少变化，所以选 C。

55. 本句中说话人问对方找工作的情况，"目标"可以指要寻求的对象，在这里指工作，所以选 B。

56. "从小""经过""最后"表示在时间上的一种顺延，所以答案为 ACB。

57. C 提出一种情况，B 是对前面的补充，A 说明结果，所以答案为 CBA。

58. A 是说明情况，C 是对 A 的补充，B 是说明结果，所以答案为 ACB。

59. B 是说明情况，A 是对 B 的解释说明，C 表示结果，所以答案为 BAC。

60. B 是说明情况，C 是对 B 的补充说明，A 是说明结果，所以答案为 BCA。

61. "3 岁""7 岁""现在"是按照时间顺序进行介绍，所以答案为 CAB。

62. C 句引出说明的对象，B 是具体说明情况，A 句中"可是"表示转折，所以答案为 CBA。

63. A 和 B 说明情况，"老虎"是主语，C 是说明结果，所以答案为 ABC。

64. A 是说明情况，B 和 C 是强调结果，C 是对 B 的进一步说明，所以答案为 ABC。

65. A 是说明总体情况，B 和 C 是对 A 的进一步补充说明，"随着"句通常放在前面，所以答案为 ACB。

66. 根据"我要是能有她的一半就满足了"，可判断说话人非常羡慕王姐，所以选 B。

67. 根据"就是房价有点儿高，我们买不起"，可知选 D。

68. 根据"谁叫我现在这么胖了"，可判断说话人认为自己胖，她的这些做法是为了减肥，所以选 A。

69. 根据"一个人能不能在工作中做出成绩……重要的是这个人有没有能力和信心"，可知选 C。

70. 根据"重庆今年要是下一场大雪多好啊！我出生以来就没看见过几场雪"，可知选 C。

71. 根据"请大家放心，在比赛中我一定做到……"，可判断说话人是来这里比赛的，所以选 A。

72. 根据文意，吃饭没有规律会产生各种问题，因此可判断想健康，吃饭就要规律，所以选 C。

73. 根据"语言是文化的一部分……同时，语言也受到文化的影响"，可知选 D。

74. 根据"……活泼的动物，喜欢吃竹子""大熊猫的数量却越来越少了"，可知选 D。

75. 根据"被污染了的空气对人体健康有很大的影响"，可知选 D。

76. 文中介绍了"学习方法"的定义，而且指出每个人的"学习方法"都不同，它是"成功的第一步"，可判断这段话主要谈的是学习方法，所以选 D。

77. 根据"可以放在锅里煮"，可知选 A。

78. 根据"运动可以使身体得到锻炼，也能够减轻人们的心理压力"，可知选 B。

79. 根据"旗袍已经不仅是中国女性的经典服装，许多外国女明星也开始穿起了旗袍"，可知选 C。

80. 根据"人们用手机打电话、听音乐、拍照片、上网查资料"，可知手机不能打印，所以选 D。

81. 根据"人们用手机打电话……不仅提高了工作效率，也丰富了业余生活"，可知手机的作用与去林场没有关系，所以选 A。

82. 根据"决定婚姻的不是金钱，而是真正的爱情"，可知选 B。

83. 这段话主要介绍了"裸婚"，根据文意可判断"裸婚"是一种新的结婚形式，所以选 C。

84. 根据"赶快把鱼翻过来"，可知选 A。

85. 根据"亲爱的，我只是想让你知道，我在开车时，你在一旁不停地说话，我的感觉如何"，可知丈夫是想让妻子学会互相理解，所以选 C。

HSK（四级）模拟试卷 **9**

答案

一、听力

第一部分

1. √　　　2. ×　　　3. √　　　4. ×　　　5. √
6. ×　　　7. ×　　　8. ×　　　9. √　　　10. √

第二部分

11. D　　12. C　　13. A　　14. B　　15. C
16. D　　17. A　　18. B　　19. D　　20. C
21. B　　22. A　　23. A　　24. C　　25. D

第三部分

26. C　　27. B　　28. D　　29. C　　30. A
31. D　　32. C　　33. B　　34. C　　35. A
36. C　　37. D　　38. A　　39. C　　40. B
41. D　　42. D　　43. C　　44. B　　45. C

二、阅读

第一部分

46. C　　47. E　　48. D　　49. A　　50. F
51. E　　52. C　　53. B　　54. A　　55. D

第二部分

56. ACB　　57. BCA　　58. BCA　　59. ACB　　60. CBA
61. CAB　　62. ACB　　63. BAC　　64. ABC　　65. BCA

第三部分

66. B　　67. C　　68. A　　69. D　　70. D
71. C　　72. D　　73. A　　74. B　　75. B

三、书写

第一部分

86. 家长必须要注意儿童的安全问题。   87. 堵车是一件很头疼的事情。
88. 遇到麻烦的时候千万得冷静。   89. 小刘把所有的时间用在学习上。
90. 世界上没有免费的午餐。   91. 王主任心情不好是可以理解的。
92. 这个问题应该被重视起来。   93. 广播电视对孩子有一定的影响。
94. 请按照从小到大的年龄顺序站好。   95. 减肥是需要长时间坚持的。

第二部分（造句参考）

96. 希望你春节过得愉快！
97. 昨天我把钥匙丢了。
98. 作业太多了，实在太麻烦了！
99. 我工作以后需要感谢的人很多。
100. 我还有很多东西要打印。

答 案 说 明

1. 根据"火车不仅车票便宜，而且安全、舒服"，可知小张觉得坐火车既安全又舒服，他喜欢坐火车，所以这句话是正确的。
2. 根据"附近的那家商场在打折，下午我们去那里看看吧"，可知他们下午要去商场，所以这句话是错误的。
3. 根据"心情不好的时候，可以到公园里去散散步"，可知这句话是正确的。
4. 根据"飞机两个小时以后就要起飞了"，可知还没有起飞，所以这句话是错误的。
5. 根据"妈妈，下午我不能去奶奶家了""我现在得去公司一趟"，可知"我"现在要去公司，下午可能回不来，所以这句话是正确的。
6. 根据"现在作业还没写完呢"，可推断这句话是错误的。
7. 根据"一点儿风也没有"，可知今天没有风，所以这句话是错误的。
8. 说话人先说"听说办会员卡看电影可以打五折"，又说"这周末我也去办一张"，可知"我"现在还没有办会员卡，所以这句话是错误的。
9. 根据"小王的手机坏了，我下午要陪他去修手机"，可知这句话是正确的。
10. 根据"我很喜欢这种新出的饮料"，可知这句话是正确的。
11. 根据男的说的"我忘带房卡了"，可知选 D。
12. 根据女的说的"车票上还有你的名字和部分身份证号码呢"，可知选 C。

13. 根据男的说的"我现在在家呢"，可知选 A。

14. 对话中男的想买机票，女的说他要买的票"已经卖完了"，可知对话发生在机场，所以选 B。

15. 根据男的说的"北方倒比南方热"，可知今年夏天北方更热，所以选 C。

16. 根据女的说的"有人照顾，我能不胖嘛"，可知选 D。

17. 根据男的说的"只睡了两个小时"，可知选 A。

18. 对话中，女的想把礼物给孩子们，男的认为"还没到时候"，意思是他觉得现在给太早了，不是他不想给孩子们礼物，所以选 B。

19. 根据女的说的"什么？他们不是两个月前才结的婚吗？"，可知女的很吃惊，所以选 D。

20. 根据男的说的"就是有点儿贵"，可知男的对房子的价格不满意，所以选 C。

21. 根据男的说的"天天不睡觉玩游戏，皮肤肯定会不好"，可推断女的常常不睡觉玩游戏，因此皮肤越来越不好，所以选 B。

22. 对话中男的想办信用卡，在银行才能办信用卡，所以选 A。

23. 根据女的说的"你今天别开车上班了"，可知他们现在还没有上班，所以选 A。

24. 根据女的说的"和网上的图片不一样，一点儿也不好看"，可知女的觉得衣服没有图片好看，有点儿失望，所以选 C。

25. 对话中，男的想买词典，但书店卖光了，女的让他在网上买，他们在谈论在哪儿买词典，所以选 D。

26. 根据男的说的"已经去医院了，医生说需要住院"，可知小王现在在医院，所以选 C。

27. 根据男的说的"可我也不会包饺子啊，那我就负责吃饺子吧"和女的说的"你可要多吃一点儿"，可知男的只会吃饺子，不会包，所以选 B。

28. 根据男的说的"最重要的是要有自己的想法"，可知选 D。

29. 根据男的说的"那我去靠窗的位置吧"，可知男的准备坐在窗边，所以选 C。

30. 根据女的说的"原价十元，现在买打八折，每盒便宜两元钱"，可知现在牛奶 8 元一盒，所以选 A。

31. 根据女的说的"我把它放在书架上了"，可知杂志在书架上，所以选 D。

32. 根据女的说的"我还有工作没做完呢"，可知选 C。

33. 对话中，男的喜欢照风景，女的喜欢照人，他们在谈照相的事情，所以选 B。

34. 根据男的说的"我今天特别开心，所以才喝多了"，可知选 C。

35. 对话中男的想买红毛衣，女的告诉他卖完了，让他看看蓝色的，他们可能在商场，女的是售货员，所以选 A。

36. 说话人先表扬了小王的一些工作，又让他继续努力，说话人可能是老板或经理，所以选 C。

37. 根据"离公司的要求还有一段距离，希望你继续努力"，可知说话人希望小王继续努力，所以选 D。

38. 根据"以前的孩子上学真的会感觉很累"，可知选 A。

39. 根据"不仅减轻了学生的作业负担，而且也不允许放假的时候让学生在学校补课"，可知学生的作业少了，所以选 C。

40. 根据"我来自俄罗斯""现在在北京学习汉语""我才来中国两年"，可知 A、C、D 都正确，所以选 B，"我"没有离开中国，"我现在在北京学习汉语"。

41. 根据"我认为学习汉语最好的方法就是跟中国人交朋友"，可知选 D。

42. 根据文中"全运会每四年举行一次"，可知选 D。

43. 根据"2013 年第十二届全运会是在辽宁省举行的"，可知选 C。

44. 根据文中"这个节目的播出时间为每周五晚上八点"，可知选 B。

45. 根据文中"里面出现的汉字都是不容易分清楚、难读、难写和不经常使用的汉字"，可知选 C。

46. "自信"是指相信自己，在这句话中是名词。她相信自己，所以表演得很好，符合题意，所以选 C。

47. "符合"指与给定的条件、形式或标准一致，这句话的意思是：小李的作业和老师的要求不一致，没有符合老师的要求，所以选 E。

48. 形容词"害羞"是指感到不好意思，难为情，本题是说他一和女生说话脸就红，是因为他感到不好意思，所以选 D。

49. "准时"的意思是按时，遵守规定的时间，符合题意，玛丽上班一直遵守规定的时间，不迟到，所以选 A。

50. "道歉"是向对方表示自己不对。王志不应该对女朋友发脾气，因此去向她道歉，所以选 F。

51. "区别"指差别、不同之处，本题意思是说话人 A 想知道两台电脑的不同之处，但是说话人 B 也不知道，所以选 E。

52. "严重"指厉害、情况紧急，本题中说话人觉得不用担心，小王的病不严重，所以选 C。

53. "尊重"指重视、敬重、尊敬，为心理动词，可用在程度副词"很"后，所以选 B。

54. "由于"表示原因或理由，"天气不好"和"校长坐的飞机不能起飞"是因果关系，所以选 A。

55. 名词"小吃"指量较少、价钱较低的菜，本题意思是"我"喜欢四川，那儿有很多"我"喜欢的小吃，所以选 D。

56. A 是介绍情况，C 是对 A 的说明，B 是指明结果，所以答案为 ACB。

57. B 是说明情况，A 和 C 是解释说明，按照"先……，还要……"的先后顺序，C 在 A 前，所以答案为 BCA。

58. B 是说明情况，A 和 C 是对 B 的补充，"不要……"在"更不要……"前，所以答案为 BCA。

59. A 是说明情况，B 和 C 是对 A 的补充，"可能……"在"也可能……"前，所以答案为 ACB。

60. C 是说明情况的总括句，B 和 A 分别是对 C 中"心情好"和"心情不好"两方面的解释，所以 B 在 A 前，答案为 CBA。

61. C 是说明情况，"如果……"是对前面情况的举例说明，"但……"表转折，所以答案为 CAB。

62. A 是说明情况，B 和 C 是对 A 的补充，说明如果遇到这种情况应该怎么办，根据

"先……然后……"的顺序，C 在 B 前，所以答案为 ACB。

63. B 是提出情况，"可是……"表转折，指明结果，C 是对 A 这一结果的猜测，所以答案为 BAC。

64. A 是说明情况，"可是……"表转折，先说"我"的打算，再说"李华"的打算，C 是对 B 的补充，所以答案为 ABC。

65. B 是说明情况，C 承接 B，表示事情紧接着发生，A 句是对 C 句的转折，所以答案为 BCA。

66. 根据"我以前最喜欢吃米饭了""现在我尽量吃面条儿、包子之类的东西"，可知为了减肥，我现在尽量不吃米饭了，所以选 B。

67. 根据"小王下个月要结婚了，我们是多年的老朋友了""选什么才好呢"，可知我的朋友小王下个月结婚，我不知道送什么礼物，所以选 C。

68. 根据"比赛都将按原计划在 9 月 16 日举行，不会有什么变化"，可知比赛时间为 9 月 16 日，所以选 A。

69. 根据"如果你不想花太多钱，就不要选择在暑假、寒假或者十一期间去"，可知这三段时间机票贵，三、四月份机票便宜，所以选 D。

70. 根据"最关键的是必须有积极向上的思想追求"，可知选 D。

71. 根据"我们公司去年完成了 80 万的工作任务""只完成了原计划的百分之八十"，用 $80 \div 80\% = 100$（万），所以选 C。

72. 根据"问老板盐是不是放多了"，可知菜里的盐放多了，很咸，所以选 D。

73. 文中提到"最近大城市污染太严重，我建议他去南方一些小城市走走"，而在四个答案里，北京、上海、广州都是大城市，所以选 A。

74. 根据文中"最让人羡慕的是他现在成了一名成功的律师"，可知选 B。

75. 根据文中"要通过自己的思考慢慢找到正确的答案"，可知选 B。

76. 根据文中"先把商品的价格提高很多，再打折"，可知选 A。

77. 根据文中"你来应聘怎么忘了带毕业证"，可知他没带毕业证，因此不能面试，所以选 B。

78. 根据文中"李丽很不适应，因为和客人出去吃饭总要干杯"，而"干杯"是喝酒时常说的话，所以选 B。

79. 根据"妈妈都不让她出去"，可知她妈妈不想让小红和男朋友见面，所以选 D。

80. 有三个好处：一是不用担心堵车，上班不会迟到；二是可以减少空气污染，保护我们的环境；三是能够锻炼身体，使自己的身体更健康。所以选 C。

81. 根据文中"最重要的是骑自行车能够锻炼身体"，可知选 C。

82. 根据文中"自己不努力，不找工作，只待在家里"，可知现在很多年轻人不找工作，不是工作不努力，所以选 B。

83. 根据文中"主要原因还是在于年轻人总觉得父母会一直保护他们"，可知是年轻人自己造成的这种情况，是他们自己觉得父母会一直保护他们，所以选 D。

84. 根据文中"……中国父母觉得生一个孩子是最理想的"，可知选 A。

85. 根据"在中国，人们工作压力大，经济压力也不小，父母没有太多的时间照顾更多的孩子"，可知选 B。

HSK（四级）模拟试卷 **10**

答 案

一、听力

第一部分

1. ×　　2. √　　3. ×　　4. √　　5. ×
6. ×　　7. ×　　8. ×　　9. √　　10. √

第二部分

11. B　　12. A　　13. C　　14. D　　15. D
16. C　　17. B　　18. D　　19. D　　20. C
21. A　　22. C　　23. D　　24. C　　25. D

第三部分

26. C　　27. B　　28. C　　29. A　　30. C
31. D　　32. C　　33. A　　34. C　　35. C
36. A　　37. C　　38. C　　39. A　　40. D
41. B　　42. D　　43. D　　44. D　　45. B

二、阅 读

第一部分

46. D　　47. A　　48. C　　49. B　　50. E
51. B　　52. C　　53. E　　54. D　　55. F

第二部分

56. BAC　　57. ABC　　58. BAC　　59. BCA　　60. ABC
61. ACB　　62. ACB　　63. ABC　　64. BCA　　65. BCA

第三部分

66. C　　67. D　　68. A　　69. B　　70. C
71. A　　72. A　　73. A　　74. C　　75. C

76. B	77. D	78. C	79. A	80. A
81. D	82. D	83. D	84. B	85. B

三、书写

第一部分

86. 医生建议感冒时不要吸烟。

87. 他们这儿只能用现金付款。

88. 飞机已经准时在机场降落了。

89. 人们在伤心的时候最需要鼓励。

90. 他们为孩子提供了良好的学习环境。

91. 空气污染会影响人们的健康。

92. 爱情只是很多种感情之一。

93. 请把作业交给老师。

94. 我没有弄清楚晚会的地点。

95. 演出被他们推迟了一个小时。

第二部分（造句参考）

96. 她受到了妈妈的表扬。

97. 代表团正在参观展览馆。

98. 他骑着自行车出发了。

99. 她向大家打招呼。

100. 男孩儿喜欢戴眼镜。

答案说明

1. 根据"年轻人愿意自己开车去旅行，而不是跟旅游团一起旅行"，可知年轻人不愿意跟旅游团一起旅行，所以这句话是错误的。

2. 根据"这家商店的衣服怎么不打折啊"，可知这家商店衣服不打折，所以这句话是正确的。

3. 根据"如果不注意运动，就很容易生病"，可知身体不好，所以这句话是错误的。

4. 根据"心情也会变得愉快"，可知锻炼身体会让心情变好，所以这句话是正确的。

5. 根据"虽然方便、便宜"，可知上网买衣服方便，所以这句话是错误的。

6. 根据"千万别像上次一样忘了带"，可知他上次没有带护照，所以这句话是错误的。

7. 根据"东边的房间到了下午就没有阳光了，我还是想要一个上午和下午都有阳光的"，可知男的觉得东边的房间不合适，所以这句话是错误的。

8. 根据"你总会有你的优点，让别人喜欢你"，可知别人喜欢的是优点，所以这句话是错误的。

9. 根据"司机，请您不要吸烟好吗"，可知司机正在吸烟，所以这句话是正确的。

10. 根据"住在高楼里的人，最怕停电"，可知住在高楼里的人怕停电，所以这句话是正确的。

11. 根据女的问的"在什么地方"，可知女的想知道的是研讨会的地点，所以选 B。

12. "都"表示"已经"，可知女的觉得男的来晚了，所以选 A。

13. 根据"你把声音关小一点儿，周围的人都在睡觉，别打扰他们"，可知女的在提醒男的，所以选 C。

14. 根据"别担心"，可知女的病得不严重，所以选 D。

15. 根据"新的不是免费的"，可知女的拿旧塑料袋是为了省钱，所以选 D。

16. 根据"马路太少了""太窄了"和"车太多"，可知这三个都是堵车的原因，"车太少"不对，所以选 C。

17. 根据"我饭还没做完呢"，可知女的正在做饭，所以选 B。

18. 根据"不用特意来接我"，可知男的不让女的来接他，所以选 D。

19. 根据"她竟然是一位作家"，可知那个女的是作家，所以选 D。

20. 根据"听说"，可知女的没见过小张的女朋友，根据男的说的"长得确实不错"，可知小张的女朋友长得很漂亮，所以选 C。

21. 根据"等会儿回家再发给你"，可知女的过一会儿就能发照片，所以选 A。

22. 根据上下文，女的让男的把错题改过来，男的说下次一定认真做题，可知二人最有可能是师生关系，所以选 C。

23. 根据"应聘成功了"，可知女的已经有了新的工作，所以选 D。

24. 根据"多了解一下"，可知男的让女的多了解一些再买，所以选 C。

25. 根据"今天的活动真是太精彩了"，可知男的觉得活动很精彩，所以选 D。

26. 根据女的说的"就是人太多"，可知女的觉得咖啡馆的人太多了，所以选 C。

27. 根据男的说的"我是去国外的学校访问"，可知男的出国是为了访问，所以选 B。

28. 根据男的说的"可是袖子长了点儿"，可知男的觉得蓝色的袖子长，所以选 C。

29. 根据"八点半地铁站见"，可知他们在地铁站见面，所以选 A。

30. 根据"九点才吃完早饭"，可知他们已经吃过早饭，要去吃午饭，所以选 C。

31. 根据女的说的"吃了药""出了一身汗"和"刚感冒的时候，及时喝热水，连药都可以不用吃了"，可知女的感冒了，所以选 D。

32. 根据"左边的是我姐姐"，可知姐姐站在左边而不是中间，所以选 C。

33. 根据"我是在这儿出生的，不过六岁的时候就搬走了"，可知他现在已经不在这儿住了，所以选 A。

34. 根据女的说的"打通了，可是没人接"，可知办公室没有人，所以选 C。

35. 根据女的说的"正跟朋友在餐厅里吃饭呢"，可知女的现在在餐厅，所以选 C。

36. 根据第一句"互联网越来越能影响人们的生活"和最后一句"有免费网络，会成为这家店受欢迎的原因之一"，可知这段话主要谈的是网络，所以选 A。

37. 根据第一句"互联网越来越能影响人们的生活"，可知作者认为互联网的作用是影响生活，所以选 C。

38. 根据"她说这是因为她不管做什么事，都很认真"，可知说话人的朋友很认真，所以选 C。

39. 根据"大家都听说过，那就是'态度决定一切'"，可知这段话主要讲态度决定一切，所以选 A。

40. 根据"以前，人们在请客吃饭的时候，喜欢点很多菜"，可知以前人们请客会点很多菜，所以选 D。

41. 根据"点适量的菜""争取都吃完""如果吃不完可以打包"，可知说话人的想法是不要浪费，所以选 B。

42. 根据"一个幽默的人常常能吸引很多人的注意"，可知幽默的人很吸引人，所以选 D。

43. 根据"会让我们感到轻松、愉快"，可知人们喜欢幽默的人是因为他们可以让大家更快乐，所以选 D。

44. 根据"你会安排你的时间吗？"，可知这段话主要讲的内容是安排时间，所以选 D。

45. 根据"时间更像空气"，可知说话人认为时间像空气，所以选 B。

46. "打扰一下"和"对不起""不好意思"一样都是很委婉很礼貌的说法，"打扰一下"是固定搭配，多用于请人帮忙，所以选 D。

47. "印象"为名词，表示人或事物在人的头脑里留下的迹象。文中她今天的精彩表演在大家的头脑里留下了深刻的记忆，应用"留下……印象"，所以选 A。

48. 题中的"颜色"和"样式"都是衣服外在的表现，而"质量"指产品内在的总体特点。文中买衣服的人看中的不是衣服外在的颜色和样式，而是衣服内在的质量好坏，所以选 C。

49. "得到……好评"是收到了很好的评价的意思，所以选 B。

50. "占线"的意思是电话另一边正忙，所以选 E。

51. "偶尔"是有时候的意思，与文中的"不常"同义，所以选 B。

52. "差两分就通过考试了"，意思是没有通过考试，"可惜"是遗憾的意思，所以选 C。

53. "解释"表示说明或讲明本义，文中学生不明白一个汉字的意思，请求老师讲解一下，所以选 E。

54. "能力"表示能够完成某事的实力，文中 B 告诉 A 要相信自己有实力通过面试，所以选 D。

55. "只要……就"是固定搭配，"只要"后面加条件，"就"后面是结果。意思是老师认为学生做到认真复习这个条件就会得到考试成绩好的结果，所以选 F。

56. 文中 B 是总说，后面 A、C 是分说。A"一方面"应放在 C"另一方面"之前，所以答案为 BAC。

57. A 引出年轻人不重视运动的主题，B"而且"进一步说明主题，C 是结果，所以答案为 ABC。

58. B 引出主题，A"不能……"应放在 C"更不能……"之前，所以答案为 BAC。

59. B 引出主题，C"是……"应放在 A"也是……"之前，所以答案为 BCA。

60. A 引出主题，B"但"表示转折，C 进一步解释 B，所以答案为 ABC。

61. A 引出主题，C"可是"表转折，表示主题陈述的事情发生变化，B"于是"有"因此"的意思，表示后一事紧接着前一事，所以答案为 ACB。

62. A"有些人"应放在 C"还有些人"之前，B 是总结，所以答案为 ACB。

63. A 引出主题，B 进一步说明主题，C 表示由 A、B 引出的结果，所以答案为 ABC。

64. B 引出主题，C 进一步说明主题，A 是对 C 的进一步解释，所以答案为 BCA。

65. B 引出主题他很忙，C 进一步说明主题，即他下班以后也很忙，A"只有"表示转折，所以答案为 BCA。

66. 根据这段话，说"累""烦""不开心"的话会影响心情，所以要常常说开心的话，所以选 C。

67. 根据"最主要的是，里面有很多文学作品，对我提高汉语水平有很大帮助"，可知说话的人最看重里面的文学作品，所以选 D。

68. 根据这段话后面部分的他朋友不开心的时候"喜欢跟一大群人在一起"，可知选 A。

69. 根据这段文字，香水"很香""瓶子很漂亮""女士很喜欢"都提到了，没提到"免费"，所以选 B。

70. 根据文章内容，北方的秋天是"不冷不热"，而不是"很热"，所以选 C。

71. 根据"你明天不是要去新公司面试吗"，可知说话人买领带的原因是哥哥要去面试，所以选 A。

72. 根据"可是，今天的汤是不是酸了一点儿"，可知说话人觉得汤酸，所以选 A。

73. 根据"是我叔叔的儿子，也就是我的弟弟"，可知他们是亲戚关系，所以选 A。

74. 根据作者说的面对第一次时"不要害怕，不要紧张"，可知作者认为面对第一次时要勇敢，所以选 C。

75. 根据她丈夫说的"因为我不是坏人啊"，可知她丈夫是个很幽默的人，所以选 C。

76. 根据文章最后部分的"及时放弃是聪明的表现"，可知这段话主要讲放弃，所以选 B。

77. 根据"最让他得意的是，他竟然当了翻译"，可知选 D。

78. 根据女孩儿在成熟之前都希望"遇见一个浪漫的男孩儿"，可知选 C。

79. 根据作者认为不能"批评"其他国家的习惯，可知作者认为要尊重其他国家的习惯，所以选 A。

80. 根据"毕业之前，小张和几个同班同学一起在外贸公司实习"，可知小张在实习，所以选 A。

81. 根据经理认为"小张对待每一项工作都认真负责"，可知小张有责任心，所以选 D。

82. 根据"让环境更干净""让心情变得更好"和"经常打扫房间，保持房间的干净整洁"，可知只有 D 没有提到，所以选 D。

83. 根据"把房间里不干净的东西扫出去，就好像把不快乐的事忘了一样"，可知打扫房间可以忘记不快乐，所以选 D。

84. 根据"有了手机，我们可以发短信，可以打电话，联系起来很方便"，可知选 B。

85. 关于手机，文中提到了可以打电话，可以上网，可以发短信，并没有提到可以赚钱，所以选 B。

HSK（四级）答题卡

1. [√][×]	6. [√][×]	11. [A][B][C][D]	16. [A][B][C][D]	21. [A][B][C][D]
2. [√][×]	7. [√][×]	12. [A][B][C][D]	17. [A][B][C][D]	22. [A][B][C][D]
3. [√][×]	8. [√][×]	13. [A][B][C][D]	18. [A][B][C][D]	23. [A][B][C][D]
4. [√][×]	9. [√][×]	14. [A][B][C][D]	19. [A][B][C][D]	24. [A][B][C][D]
5. [√][×]	10. [√][×]	15. [A][B][C][D]	20. [A][B][C][D]	25. [A][B][C][D]

26. [A][B][C][D]	31. [A][B][C][D]	36. [A][B][C][D]	41. [A][B][C][D]
27. [A][B][C][D]	32. [A][B][C][D]	37. [A][B][C][D]	42. [A][B][C][D]
28. [A][B][C][D]	33. [A][B][C][D]	38. [A][B][C][D]	43. [A][B][C][D]
29. [A][B][C][D]	34. [A][B][C][D]	39. [A][B][C][D]	44. [A][B][C][D]
30. [A][B][C][D]	35. [A][B][C][D]	40. [A][B][C][D]	45. [A][B][C][D]

二、阅读

46. [A][B][C][D][E][F]	51. [A][B][C][D][E][F]
47. [A][B][C][D][E][F]	52. [A][B][C][D][E][F]
48. [A][B][C][D][E][F]	53. [A][B][C][D][E][F]
49. [A][B][C][D][E][F]	54. [A][B][C][D][E][F]
50. [A][B][C][D][E][F]	55. [A][B][C][D][E][F]

56. ___ ___ ___ ___   58. ___ ___ ___ ___   60. ___ ___ ___ ___   62. ___ ___ ___ ___   64. ___ ___ ___ ___

57. ___ ___ ___ ___   59. ___ ___ ___ ___   61. ___ ___ ___ ___   63. ___ ___ ___ ___   65. ___ ___ ___ ___

66. [A][B][C][D]	71. [A][B][C][D]	76. [A][B][C][D]	81. [A][B][C][D]
67. [A][B][C][D]	72. [A][B][C][D]	77. [A][B][C][D]	82. [A][B][C][D]
68. [A][B][C][D]	73. [A][B][C][D]	78. [A][B][C][D]	83. [A][B][C][D]
69. [A][B][C][D]	74. [A][B][C][D]	79. [A][B][C][D]	84. [A][B][C][D]
70. [A][B][C][D]	75. [A][B][C][D]	80. [A][B][C][D]	85. [A][B][C][D]

三、书写

86. _____

87. _____

88. _____

89. _____

90. _____

91. _____

92. _____

93. _____

94. _____

95. _____

96. _____

97. _____

98. _____

99. _____

100. _____

HSK（四级）答题卡

一、听力

1. [√][×]	6. [√][×]	11. [A][B][C][D]	16. [A][B][C][D]	21. [A][B][C][D]
2. [√][×]	7. [√][×]	12. [A][B][C][D]	17. [A][B][C][D]	22. [A][B][C][D]
3. [√][×]	8. [√][×]	13. [A][B][C][D]	18. [A][B][C][D]	23. [A][B][C][D]
4. [√][×]	9. [√][×]	14. [A][B][C][D]	19. [A][B][C][D]	24. [A][B][C][D]
5. [√][×]	10. [√][×]	15. [A][B][C][D]	20. [A][B][C][D]	25. [A][B][C][D]

26. [A][B][C][D]	31. [A][B][C][D]	36. [A][B][C][D]	41. [A][B][C][D]
27. [A][B][C][D]	32. [A][B][C][D]	37. [A][B][C][D]	42. [A][B][C][D]
28. [A][B][C][D]	33. [A][B][C][D]	38. [A][B][C][D]	43. [A][B][C][D]
29. [A][B][C][D]	34. [A][B][C][D]	39. [A][B][C][D]	44. [A][B][C][D]
30. [A][B][C][D]	35. [A][B][C][D]	40. [A][B][C][D]	45. [A][B][C][D]

二、阅读

46. [A][B][C][D][E][F]	51. [A][B][C][D][E][F]
47. [A][B][C][D][E][F]	52. [A][B][C][D][E][F]
48. [A][B][C][D][E][F]	53. [A][B][C][D][E][F]
49. [A][B][C][D][E][F]	54. [A][B][C][D][E][F]
50. [A][B][C][D][E][F]	55. [A][B][C][D][E][F]

56. ___ ___ ___   58. ___ ___ ___   60. ___ ___ ___   62. ___ ___ ___   64. ___ ___ ___

57. ___ ___ ___   59. ___ ___ ___   61. ___ ___ ___   63. ___ ___ ___   65. ___ ___ ___

66. [A][B][C][D]	71. [A][B][C][D]	76. [A][B][C][D]	81. [A][B][C][D]
67. [A][B][C][D]	72. [A][B][C][D]	77. [A][B][C][D]	82. [A][B][C][D]
68. [A][B][C][D]	73. [A][B][C][D]	78. [A][B][C][D]	83. [A][B][C][D]
69. [A][B][C][D]	74. [A][B][C][D]	79. [A][B][C][D]	84. [A][B][C][D]
70. [A][B][C][D]	75. [A][B][C][D]	80. [A][B][C][D]	85. [A][B][C][D]

三、书写

86. _____

87. _____

88. _____

89. _____

90. _____

91. _____

92. _____

93. _____

94. _____

95. _____

96. _____

97. _____

98. _____

99. _____

100. _____

HSK（四级）答题卡

一、听力

1. [√][×]	6. [√][×]	11. [A][B][C][D]	16. [A][B][C][D]	21. [A][B][C][D]
2. [√][×]	7. [√][×]	12. [A][B][C][D]	17. [A][B][C][D]	22. [A][B][C][D]
3. [√][×]	8. [√][×]	13. [A][B][C][D]	18. [A][B][C][D]	23. [A][B][C][D]
4. [√][×]	9. [√][×]	14. [A][B][C][D]	19. [A][B][C][D]	24. [A][B][C][D]
5. [√][×]	10. [√][×]	15. [A][B][C][D]	20. [A][B][C][D]	25. [A][B][C][D]

26. [A][B][C][D]	31. [A][B][C][D]	36. [A][B][C][D]	41. [A][B][C][D]
27. [A][B][C][D]	32. [A][B][C][D]	37. [A][B][C][D]	42. [A][B][C][D]
28. [A][B][C][D]	33. [A][B][C][D]	38. [A][B][C][D]	43. [A][B][C][D]
29. [A][B][C][D]	34. [A][B][C][D]	39. [A][B][C][D]	44. [A][B][C][D]
30. [A][B][C][D]	35. [A][B][C][D]	40. [A][B][C][D]	45. [A][B][C][D]

二、阅读

46. [A][B][C][D][E][F]	51. [A][B][C][D][E][F]
47. [A][B][C][D][E][F]	52. [A][B][C][D][E][F]
48. [A][B][C][D][E][F]	53. [A][B][C][D][E][F]
49. [A][B][C][D][E][F]	54. [A][B][C][D][E][F]
50. [A][B][C][D][E][F]	55. [A][B][C][D][E][F]

56. ___ ___ ___ 二   58. ___ ___ ___ 二   60. ___ ___ ___ 二   62. ___ ___ ___ 二   64. ___ ___ ___ 二

57. ___ ___ ___ 二   59. ___ ___ ___ 二   61. ___ ___ ___ 二   63. ___ ___ ___ 二   65. ___ ___ ___ 二

66. [A][B][C][D]	71. [A][B][C][D]	76. [A][B][C][D]	81. [A][B][C][D]
67. [A][B][C][D]	72. [A][B][C][D]	77. [A][B][C][D]	82. [A][B][C][D]
68. [A][B][C][D]	73. [A][B][C][D]	78. [A][B][C][D]	83. [A][B][C][D]
69. [A][B][C][D]	74. [A][B][C][D]	79. [A][B][C][D]	84. [A][B][C][D]
70. [A][B][C][D]	75. [A][B][C][D]	80. [A][B][C][D]	85. [A][B][C][D]

三、书写

86. _____

87. _____

88. _____

89. _____

90. _____

91. _____

92. _____

93. _____

94. _____

95. _____

96. _____

97. _____

98. _____

99. _____

100. _____

HSK（四级）答题卡

1. [√] [×]	6. [√] [×]	11. [A] [B] [C] [D]	16. [A] [B] [C] [D]	21. [A] [B] [C] [D]
2. [√] [×]	7. [√] [×]	12. [A] [B] [C] [D]	17. [A] [B] [C] [D]	22. [A] [B] [C] [D]
3. [√] [×]	8. [√] [×]	13. [A] [B] [C] [D]	18. [A] [B] [C] [D]	23. [A] [B] [C] [D]
4. [√] [×]	9. [√] [×]	14. [A] [B] [C] [D]	19. [A] [B] [C] [D]	24. [A] [B] [C] [D]
5. [√] [×]	10. [√] [×]	15. [A] [B] [C] [D]	20. [A] [B] [C] [D]	25. [A] [B] [C] [D]

26. [A] [B] [C] [D]	31. [A] [B] [C] [D]	36. [A] [B] [C] [D]	41. [A] [B] [C] [D]
27. [A] [B] [C] [D]	32. [A] [B] [C] [D]	37. [A] [B] [C] [D]	42. [A] [B] [C] [D]
28. [A] [B] [C] [D]	33. [A] [B] [C] [D]	38. [A] [B] [C] [D]	43. [A] [B] [C] [D]
29. [A] [B] [C] [D]	34. [A] [B] [C] [D]	39. [A] [B] [C] [D]	44. [A] [B] [C] [D]
30. [A] [B] [C] [D]	35. [A] [B] [C] [D]	40. [A] [B] [C] [D]	45. [A] [B] [C] [D]

二、阅读

46. [A] [B] [C] [D] [E] [F]	51. [A] [B] [C] [D] [E] [F]
47. [A] [B] [C] [D] [E] [F]	52. [A] [B] [C] [D] [E] [F]
48. [A] [B] [C] [D] [E] [F]	53. [A] [B] [C] [D] [E] [F]
49. [A] [B] [C] [D] [E] [F]	54. [A] [B] [C] [D] [E] [F]
50. [A] [B] [C] [D] [E] [F]	55. [A] [B] [C] [D] [E] [F]

56. ___ ___ ___   58. ___ ___ ___   60. ___ ___ ___   62. ___ ___ ___   64. ___ ___ ___

57. ___ ___ ___   59. ___ ___ ___   61. ___ ___ ___   63. ___ ___ ___   65. ___ ___ ___

66. [A] [B] [C] [D]	71. [A] [B] [C] [D]	76. [A] [B] [C] [D]	81. [A] [B] [C] [D]
67. [A] [B] [C] [D]	72. [A] [B] [C] [D]	77. [A] [B] [C] [D]	82. [A] [B] [C] [D]
68. [A] [B] [C] [D]	73. [A] [B] [C] [D]	78. [A] [B] [C] [D]	83. [A] [B] [C] [D]
69. [A] [B] [C] [D]	74. [A] [B] [C] [D]	79. [A] [B] [C] [D]	84. [A] [B] [C] [D]
70. [A] [B] [C] [D]	75. [A] [B] [C] [D]	80. [A] [B] [C] [D]	85. [A] [B] [C] [D]

86. _____

87. _____

88. _____

89. _____

90. _____

91. _____

92. _____

93. _____

94. _____

95. _____

96. _____

97. _____

98. _____

99. _____

100. _____

HSK（四级）答题卡

一、听力

1. [√] [×]	6. [√] [×]	11. [A] [B] [C] [D]	16. [A] [B] [C] [D]	21. [A] [B] [C] [D]
2. [√] [×]	7. [√] [×]	12. [A] [B] [C] [D]	17. [A] [B] [C] [D]	22. [A] [B] [C] [D]
3. [√] [×]	8. [√] [×]	13. [A] [B] [C] [D]	18. [A] [B] [C] [D]	23. [A] [B] [C] [D]
4. [√] [×]	9. [√] [×]	14. [A] [B] [C] [D]	19. [A] [B] [C] [D]	24. [A] [B] [C] [D]
5. [√] [×]	10. [√] [×]	15. [A] [B] [C] [D]	20. [A] [B] [C] [D]	25. [A] [B] [C] [D]

26. [A] [B] [C] [D]	31. [A] [B] [C] [D]	36. [A] [B] [C] [D]	41. [A] [B] [C] [D]
27. [A] [B] [C] [D]	32. [A] [B] [C] [D]	37. [A] [B] [C] [D]	42. [A] [B] [C] [D]
28. [A] [B] [C] [D]	33. [A] [B] [C] [D]	38. [A] [B] [C] [D]	43. [A] [B] [C] [D]
29. [A] [B] [C] [D]	34. [A] [B] [C] [D]	39. [A] [B] [C] [D]	44. [A] [B] [C] [D]
30. [A] [B] [C] [D]	35. [A] [B] [C] [D]	40. [A] [B] [C] [D]	45. [A] [B] [C] [D]

二、阅读

46. [A] [B] [C] [D] [E] [F]	51. [A] [B] [C] [D] [E] [F]
47. [A] [B] [C] [D] [E] [F]	52. [A] [B] [C] [D] [E] [F]
48. [A] [B] [C] [D] [E] [F]	53. [A] [B] [C] [D] [E] [F]
49. [A] [B] [C] [D] [E] [F]	54. [A] [B] [C] [D] [E] [F]
50. [A] [B] [C] [D] [E] [F]	55. [A] [B] [C] [D] [E] [F]

56. ___ ___ ___ ___	58. ___ ___ ___ ___	60. ___ ___ ___ ___	62. ___ ___ ___ ___	64. ___ ___ ___ ___
57. ___ ___ ___ ___	59. ___ ___ ___ ___	61. ___ ___ ___ ___	63. ___ ___ ___ ___	65. ___ ___ ___ ___

66. [A] [B] [C] [D]	71. [A] [B] [C] [D]	76. [A] [B] [C] [D]	81. [A] [B] [C] [D]
67. [A] [B] [C] [D]	72. [A] [B] [C] [D]	77. [A] [B] [C] [D]	82. [A] [B] [C] [D]
68. [A] [B] [C] [D]	73. [A] [B] [C] [D]	78. [A] [B] [C] [D]	83. [A] [B] [C] [D]
69. [A] [B] [C] [D]	74. [A] [B] [C] [D]	79. [A] [B] [C] [D]	84. [A] [B] [C] [D]
70. [A] [B] [C] [D]	75. [A] [B] [C] [D]	80. [A] [B] [C] [D]	85. [A] [B] [C] [D]

三、书写

86. _____

87. _____

88. _____

89. _____

90. _____

91. _____

92. _____

93. _____

94. _____

95. _____

96. _____

97. _____

98. _____

99. _____

100. _____

HSK（四级）答题卡

一、听力

1. [√][×]　　6. [√][×]　　11. [A][B][C][D]　16. [A][B][C][D]　21. [A][B][C][D]
2. [√][×]　　7. [√][×]　　12. [A][B][C][D]　17. [A][B][C][D]　22. [A][B][C][D]
3. [√][×]　　8. [√][×]　　13. [A][B][C][D]　18. [A][B][C][D]　23. [A][B][C][D]
4. [√][×]　　9. [√][×]　　14. [A][B][C][D]　19. [A][B][C][D]　24. [A][B][C][D]
5. [√][×]　　10. [√][×]　　15. [A][B][C][D]　20. [A][B][C][D]　25. [A][B][C][D]

26. [A][B][C][D]　31. [A][B][C][D]　36. [A][B][C][D]　41. [A][B][C][D]
27. [A][B][C][D]　32. [A][B][C][D]　37. [A][B][C][D]　42. [A][B][C][D]
28. [A][B][C][D]　33. [A][B][C][D]　38. [A][B][C][D]　43. [A][B][C][D]
29. [A][B][C][D]　34. [A][B][C][D]　39. [A][B][C][D]　44. [A][B][C][D]
30. [A][B][C][D]　35. [A][B][C][D]　40. [A][B][C][D]　45. [A][B][C][D]

二、阅读

46. [A][B][C][D][E][F]　　51. [A][B][C][D][E][F]
47. [A][B][C][D][E][F]　　52. [A][B][C][D][E][F]
48. [A][B][C][D][E][F]　　53. [A][B][C][D][E][F]
49. [A][B][C][D][E][F]　　54. [A][B][C][D][E][F]
50. [A][B][C][D][E][F]　　55. [A][B][C][D][E][F]

56. ___ ___ ___ ⌐　58. ___ ___ ___ ⌐　60. ___ ___ ___ ⌐　62. ___ ___ ___ ⌐　64. ___ ___ ___ ⌐

57. ___ ___ ___ ⌐　59. ___ ___ ___ ⌐　61. ___ ___ ___ ⌐　63. ___ ___ ___ ⌐　65. ___ ___ ___ ⌐

66. [A][B][C][D]　71. [A][B][C][D]　76. [A][B][C][D]　81. [A][B][C][D]
67. [A][B][C][D]　72. [A][B][C][D]　77. [A][B][C][D]　82. [A][B][C][D]
68. [A][B][C][D]　73. [A][B][C][D]　78. [A][B][C][D]　83. [A][B][C][D]
69. [A][B][C][D]　74. [A][B][C][D]　79. [A][B][C][D]　84. [A][B][C][D]
70. [A][B][C][D]　75. [A][B][C][D]　80. [A][B][C][D]　85. [A][B][C][D]

三、书写

86. _____

87. _____

88. _____

89. _____

90. _____

91. _____

92. _____

93. _____

94. _____

95. _____

96. _____

97. _____

98. _____

99. _____

100. _____

HSK（四级）答题卡

86. ＿＿＿＿＿＿＿＿＿＿＿＿＿＿＿＿＿＿＿＿＿＿＿＿＿＿＿＿＿＿＿＿

87. ＿＿＿＿＿＿＿＿＿＿＿＿＿＿＿＿＿＿＿＿＿＿＿＿＿＿＿＿＿＿＿＿

88. ＿＿＿＿＿＿＿＿＿＿＿＿＿＿＿＿＿＿＿＿＿＿＿＿＿＿＿＿＿＿＿＿

89. ＿＿＿＿＿＿＿＿＿＿＿＿＿＿＿＿＿＿＿＿＿＿＿＿＿＿＿＿＿＿＿＿

90. ＿＿＿＿＿＿＿＿＿＿＿＿＿＿＿＿＿＿＿＿＿＿＿＿＿＿＿＿＿＿＿＿

91. ＿＿＿＿＿＿＿＿＿＿＿＿＿＿＿＿＿＿＿＿＿＿＿＿＿＿＿＿＿＿＿＿

92. ＿＿＿＿＿＿＿＿＿＿＿＿＿＿＿＿＿＿＿＿＿＿＿＿＿＿＿＿＿＿＿＿

93. ＿＿＿＿＿＿＿＿＿＿＿＿＿＿＿＿＿＿＿＿＿＿＿＿＿＿＿＿＿＿＿＿

94. ＿＿＿＿＿＿＿＿＿＿＿＿＿＿＿＿＿＿＿＿＿＿＿＿＿＿＿＿＿＿＿＿

95. ＿＿＿＿＿＿＿＿＿＿＿＿＿＿＿＿＿＿＿＿＿＿＿＿＿＿＿＿＿＿＿＿

96. ＿＿＿＿＿＿＿＿＿＿＿＿＿＿＿＿＿＿＿＿＿＿＿＿＿＿＿＿＿＿＿＿

97. ＿＿＿＿＿＿＿＿＿＿＿＿＿＿＿＿＿＿＿＿＿＿＿＿＿＿＿＿＿＿＿＿

98. ＿＿＿＿＿＿＿＿＿＿＿＿＿＿＿＿＿＿＿＿＿＿＿＿＿＿＿＿＿＿＿＿

99. ＿＿＿＿＿＿＿＿＿＿＿＿＿＿＿＿＿＿＿＿＿＿＿＿＿＿＿＿＿＿＿＿

100. ＿＿＿＿＿＿＿＿＿＿＿＿＿＿＿＿＿＿＿＿＿＿＿＿＿＿＿＿＿＿＿＿

HSK（四级）答题卡

1. [√] [×]　　6. [√] [×]
2. [√] [×]　　7. [√] [×]
3. [√] [×]　　8. [√] [×]
4. [√] [×]　　9. [√] [×]
5. [√] [×]　　10. [√] [×]

11. [A] [B] [C] [D]　16. [A] [B] [C] [D]　21. [A] [B] [C] [D]
12. [A] [B] [C] [D]　17. [A] [B] [C] [D]　22. [A] [B] [C] [D]
13. [A] [B] [C] [D]　18. [A] [B] [C] [D]　23. [A] [B] [C] [D]
14. [A] [B] [C] [D]　19. [A] [B] [C] [D]　24. [A] [B] [C] [D]
15. [A] [B] [C] [D]　20. [A] [B] [C] [D]　25. [A] [B] [C] [D]

26. [A] [B] [C] [D]　31. [A] [B] [C] [D]　36. [A] [B] [C] [D]　41. [A] [B] [C] [D]
27. [A] [B] [C] [D]　32. [A] [B] [C] [D]　37. [A] [B] [C] [D]　42. [A] [B] [C] [D]
28. [A] [B] [C] [D]　33. [A] [B] [C] [D]　38. [A] [B] [C] [D]　43. [A] [B] [C] [D]
29. [A] [B] [C] [D]　34. [A] [B] [C] [D]　39. [A] [B] [C] [D]　44. [A] [B] [C] [D]
30. [A] [B] [C] [D]　35. [A] [B] [C] [D]　40. [A] [B] [C] [D]　45. [A] [B] [C] [D]

二、阅读

46. [A] [B] [C] [D] [E] [F]　51. [A] [B] [C] [D] [E] [F]
47. [A] [B] [C] [D] [E] [F]　52. [A] [B] [C] [D] [E] [F]
48. [A] [B] [C] [D] [E] [F]　53. [A] [B] [C] [D] [E] [F]
49. [A] [B] [C] [D] [E] [F]　54. [A] [B] [C] [D] [E] [F]
50. [A] [B] [C] [D] [E] [F]　55. [A] [B] [C] [D] [E] [F]

56. ___ ___ ___ ___　58. ___ ___ ___ ___　60. ___ ___ ___ ___　62. ___ ___ ___ ___　64. ___ ___ ___ ___

57. ___ ___ ___ ___　59. ___ ___ ___ ___　61. ___ ___ ___ ___　63. ___ ___ ___ ___　65. ___ ___ ___ ___

66. [A] [B] [C] [D]　71. [A] [B] [C] [D]　76. [A] [B] [C] [D]　81. [A] [B] [C] [D]
67. [A] [B] [C] [D]　72. [A] [B] [C] [D]　77. [A] [B] [C] [D]　82. [A] [B] [C] [D]
68. [A] [B] [C] [D]　73. [A] [B] [C] [D]　78. [A] [B] [C] [D]　83. [A] [B] [C] [D]
69. [A] [B] [C] [D]　74. [A] [B] [C] [D]　79. [A] [B] [C] [D]　84. [A] [B] [C] [D]
70. [A] [B] [C] [D]　75. [A] [B] [C] [D]　80. [A] [B] [C] [D]　85. [A] [B] [C] [D]

三、书写

86. _____

87. _____

88. _____

89. _____

90. _____

91. _____

92. _____

93. _____

94. _____

95. _____

96. _____

97. _____

98. _____

99. _____

100. _____

HSK（四级）答题卡

一、听力

1. [√] [×]　　6. [√] [×]　　11. [A] [B] [C] [D]　16. [A] [B] [C] [D]　21. [A] [B] [C] [D]
2. [√] [×]　　7. [√] [×]　　12. [A] [B] [C] [D]　17. [A] [B] [C] [D]　22. [A] [B] [C] [D]
3. [√] [×]　　8. [√] [×]　　13. [A] [B] [C] [D]　18. [A] [B] [C] [D]　23. [A] [B] [C] [D]
4. [√] [×]　　9. [√] [×]　　14. [A] [B] [C] [D]　19. [A] [B] [C] [D]　24. [A] [B] [C] [D]
5. [√] [×]　　10. [√] [×]　15. [A] [B] [C] [D]　20. [A] [B] [C] [D]　25. [A] [B] [C] [D]

26. [A] [B] [C] [D]　31. [A] [B] [C] [D]　36. [A] [B] [C] [D]　41. [A] [B] [C] [D]
27. [A] [B] [C] [D]　32. [A] [B] [C] [D]　37. [A] [B] [C] [D]　42. [A] [B] [C] [D]
28. [A] [B] [C] [D]　33. [A] [B] [C] [D]　38. [A] [B] [C] [D]　43. [A] [B] [C] [D]
29. [A] [B] [C] [D]　34. [A] [B] [C] [D]　39. [A] [B] [C] [D]　44. [A] [B] [C] [D]
30. [A] [B] [C] [D]　35. [A] [B] [C] [D]　40. [A] [B] [C] [D]　45. [A] [B] [C] [D]

二、阅读

46. [A] [B] [C] [D] [E] [F]　　51. [A] [B] [C] [D] [E] [F]
47. [A] [B] [C] [D] [E] [F]　　52. [A] [B] [C] [D] [E] [F]
48. [A] [B] [C] [D] [E] [F]　　53. [A] [B] [C] [D] [E] [F]
49. [A] [B] [C] [D] [E] [F]　　54. [A] [B] [C] [D] [E] [F]
50. [A] [B] [C] [D] [E] [F]　　55. [A] [B] [C] [D] [E] [F]

56. ___ ___ ___ ___　58. ___ ___ ___ ___　60. ___ ___ ___ ___　62. ___ ___ ___ ___　64. ___ ___ ___ ___

57. ___ ___ ___ ___　59. ___ ___ ___ ___　61. ___ ___ ___ ___　63. ___ ___ ___ ___　65. ___ ___ ___ ___

66. [A] [B] [C] [D]　71. [A] [B] [C] [D]　76. [A] [B] [C] [D]　81. [A] [B] [C] [D]
67. [A] [B] [C] [D]　72. [A] [B] [C] [D]　77. [A] [B] [C] [D]　82. [A] [B] [C] [D]
68. [A] [B] [C] [D]　73. [A] [B] [C] [D]　78. [A] [B] [C] [D]　83. [A] [B] [C] [D]
69. [A] [B] [C] [D]　74. [A] [B] [C] [D]　79. [A] [B] [C] [D]　84. [A] [B] [C] [D]
70. [A] [B] [C] [D]　75. [A] [B] [C] [D]　80. [A] [B] [C] [D]　85. [A] [B] [C] [D]

86. _____

87. _____

88. _____

89. _____

90. _____

91. _____

92. _____

93. _____

94. _____

95. _____

96. _____

97. _____

98. _____

99. _____

100. _____

HSK（四级）答题卡

86. _____

87. _____

88. _____

89. _____

90. _____

91. _____

92. _____

93. _____

94. _____

95. _____

96. _____

97. _____

98. _____

99. _____

100. _____

© 2017 北京语言大学出版社，社图号 16346

图书在版编目（CIP）数据

汉语水平考试模拟试题集 .HSK 四级 ／ 李春玲主编
. —2 版 . —北京：北京语言大学出版社，2017.1
ISBN 978-7-5619-4782-1

Ⅰ.①汉…　Ⅱ.①李…　Ⅲ.①汉语－对外汉语教学－
水平考试－习题集　Ⅳ.① H195.6

中国版本图书馆 CIP 数据核字（2016）第 301776 号

汉语水平考试模拟试题集（第 2 版）HSK 四级
HANYU SHUIPING KAOSHI MONI SHITIJI (DI 2 BAN) HSK SIJI

排版制作：北京创艺涵文化发展有限公司
责任印制：姜正周

出版发行：北京语言大学出版社
社　　址：北京市海淀区学院路 15 号，100083
网　　址：www.blcup.com
电子信箱：service@blcup.com
电　　话：编辑部　　8610-82303647/3592/3395
　　　　　国内发行　8610-82303650/3591/3648
　　　　　海外发行　8610-82303365/3080/3668
　　　　　北语书店　8610-82303653
　　　　　网购咨询　8610-82303908
印　　刷：北京中科印刷有限公司

版　　次：2010 年 9 月第 1 版　　　印　　次：2017 年 1 月第 1 次印刷
　　　　　2017 年 1 月第 2 版
开　　本：787 毫米 × 1092 毫米　1/16　印　　张：19.5
字　　数：293 千字
定　　价：58.00 元

PRINTED IN CHINA